U0094254

元宇宙：变革新时代

李佩芳◎著

電子工業出版社·

Publishing House of Electronics Industry

北京·BEIJING

内 容 简 介

当前，元宇宙是市场中关注度颇高的一个概念，吸引着众多科技巨头、行业新秀等纷纷入局。在这样的趋势下，企业应如何备战元宇宙？本书就以元宇宙为出发点，通过介绍元宇宙的发展背景、元宇宙的多元化应用、元宇宙的未来前景，分析元宇宙发展过程中存在的潜力和机会，为企业提前布局元宇宙提供指导。

图书在版编目（CIP）数据

元宇宙：变革新时代 / 李佩芳著． —北京：电子工业出版社，2023.5

ISBN 978-7-121-45450-9

Ⅰ．①元… Ⅱ．①李… Ⅲ．①信息经济 Ⅳ．①F49

中国国家版本馆 CIP 数据核字（2023）第 070750 号

责任编辑：刘志红（lzhmails@phei.com.cn）

印　　刷：三河市君旺印务有限公司
装　　订：三河市君旺印务有限公司
出版发行：电子工业出版社
　　　　　北京市海淀区万寿路 173 信箱　邮编　100036
开　　本：720×1 000　1/16　印张：13.75　字数：220 千字
版　　次：2023 年 5 月第 1 版
印　　次：2023 年 5 月第 1 次印刷
定　　价：86.00 元

推 荐 语

数字经济的发展和 Z 世代的崛起，使得数字化成为企业转型的必经之路。作为连接虚拟与现实的交融世界，元宇宙是徒有其表，还是未来已来？在众说纷纭中，我们该如何躬身入局？本书通过丰富的理论和案例，给我们提供了多样的思路和指引。

原中国建行银行股份有限公司董事　郝爱群

元宇宙作为新一代信息技术融合体系，通过不断丰富虚实融合的内涵，持续推动国家数字经济高质量发展。本书深刻洞察了元宇宙的技术、市场与产业的现状、发展趋势，是一部内容丰富、案例翔实的元宇宙专著。

建信金融科技有限责任公司基础技术中心总裁　李晓敦

随着 AI 性能的提高、沉浸式交互的加深，在从多元走向统一的过程中，元宇宙将会给我们的生活带来天翻地覆的变化。能体验如此时代巨变是我们的幸运，数字经济的浪潮也促使我们未雨绸缪、主动求变。本书提供了多个拥抱变化的视角，帮助大家找到属于自己的星辰大海。

北京宇信科技集团股份有限公司副总经理　王野

作为数字经济时代的新趋势，元宇宙打造了一个虚实融合的新世界。本书详细介绍了元宇宙的发展背景、多元化应用和未来前景，旨在让读者通过理论解码和实践案例全方位了解元宇宙，以未雨绸缪的态度，积极拥抱变化并行稳致远。

德勤管理咨询中国分析与认知服务领导合伙人　尤忠彬

前　言

2021 年被称为元宇宙元年。诸多企业从游戏、社交等多角度出发，描绘元宇宙的未来蓝图。目前，元宇宙依旧是各方关注的焦点。

为什么元宇宙的爆发会吸引这么多的目光？从技术发展趋势上来看，支持元宇宙落地的相关技术正在不断逼近技术奇点，为元宇宙的爆发奠定了技术基础；从互联网发展的角度来看，当前已经迈入"后互联网时代"，红利期逐渐见顶，而元宇宙将开启新的虚拟世界，蕴含着巨大的发展机遇。在此背景下，Roblox 将元宇宙概念写进招股书成为了引爆元宇宙的导火索，成功地将元宇宙推到大众眼前。

从产业链的角度来看，元宇宙的爆发将大大推动多方面市场的发展。元宇宙不仅会影响 XR、AI 等相关核心技术以及硬件设备的发展，还将推动多领域的元宇宙化，在逐渐渗透过程中深刻影响各行各业的发展。

那么，对于企业而言，该如何迎接元宇宙呢？本书将聚焦企业需求，以元宇宙的发展背景、元宇宙的多元化应用、元宇宙的未来前景三篇拆解元宇宙。

首先，在第一篇元宇宙的发展背景中，本书对元宇宙的概念、产业、技术、市场等方面展开了详细讲解，以便读者对元宇宙形成一个全面的认知。

其次，在第二篇元宇宙的多元化应用中，本书从虚拟数字人、数字资产、游戏、社交、金融、制造业、电商、教育等诸多场景出发，解析元宇宙在不同领域的应用，同时加入了大量企业实践案例，为企业入局提供有效参考。

最后，在第三篇元宇宙的未来前景中，本书分析了元宇宙未来发展中的技术、应用前景以及其中潜藏的新机会等，指出了元宇宙的创业机会和投资机会。

总之，本书不仅内容丰富，还融入了多方面的实践案例，在讲述元宇宙理论的同时也提出了实践指导。无论是互联网行业的企业家，还是将眼光投向元宇宙的创业者，都可以通过本书深入了解元宇宙，找到合适的入局方法。

目 录

第一篇 元宇宙的发展背景

第二篇　元宇宙的多元化应用

第三篇　元宇宙的未来前景

第一篇

元宇宙的发展背景

第1章

元宇宙：连接虚拟与现实的交融世界

2021 年初，元宇宙如同一颗炸弹，短时间内引爆了互联网行业，引发了科技巨头和各路资本的纷纷关注。元宇宙的爆发并非偶然，而是体现了下一代互联网的发展趋势。元宇宙在逐步演进的过程中，将为人们创造一个虚实交织的新世界，提供丰富多样的新奇体验。

1.1　爆发背景：数字化成为时代变革趋势

近几年，在技术变革和政策影响的驱动下，各行业的数字化转型如火如荼，加速了各种社会活动从线下到线上的转变。同时，逐渐崛起的互联网原住民"Z世代"也对数字体验提出了需求。在这种背景下，沙盒游戏公司 Roblox 将元宇宙写进招股书，描绘了互联网数字化发展的未来蓝图。自此，元宇宙进入了更多

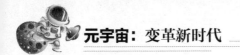

人的视野。

1.1.1 疫情之下，线上场景加速替代线下场景

一直以来，线下场景向线上转变都是互联网发展的趋势，而在 2020 年，新冠肺炎疫情的暴发更是加速了这一趋势，越来越多的线下场景开始被线上场景代替，主要表现在以下 3 个方面，如图 1-1 所示。

图 1-1 线上场景替代线下场景的 3 个方面

（1）线上消费加速替代线下消费

疫情暴发之前，很多人已经形成了线上购物的习惯。而疫情的暴发，不仅使人们延续了这种习惯，还将这种习惯延伸到生活的方方面面。例如，之前很多人都习惯去菜市场买菜，但在出行受阻后，线下买菜受到了限制，叮咚买菜、每日优鲜等生鲜超市线上平台在此期间顺势崛起，吸引了海量用户，越来越多的人开始习惯在网上买菜。此外，网络约车、线上购药、线上订餐等线上消费方式也吸引了越来越多的用户，线上消费成为人们的主要消费渠道之一。

（2）线上教育加速替代线下教育

疫情暴发之前，很多学校、培训机构等都是以线下授课的方式为主，而在疫情防控期间，老师和学生不得不开始尝试线上授课。钉钉、腾讯课堂等 App 成为老师线上授课的新阵地。

凭借各种智能线上授课软件，老师能够完成线上备课、直播授课、课后辅导等多项教学工作，提高教学效率。同时，直播课、录播课、海量题库等诸多线上学习功能为学生的学习提供了更多选择，实现了学习方式多元化。

（3）线上办公加速替代线下办公

受疫情影响，线上办公也获得了进一步发展。居家办公期间，钉钉、腾讯会议等办公软件吸引了大量用户，发展态势蒸蒸日上。以腾讯会议为例，2022 年 1 月，在企业微信新品发布会上，腾讯会议产品中心总经理公布，目前腾讯会议用户数量已经突破 2 亿。

同时，受疫情的催化，许多企业也在数字化办公方面进行了部署，甚至将线上办公、混合办公等定为常态。这意味着，线上办公并不是一个临时性策略，而将有可能变为今后工作的常态。例如，携程在 2022 年 2 月推出了"3+2"混合办公模式，表示从 3 月起，员工可以在周三和周五选择居家办公。该工作模式获得了大多数员工的支持，能够有效降低公司的运营成本、提高员工的时间利用效率。

随着社会数字化转型的全面覆盖，人们生活的更多方面将从线下转移到线上。在这个过程中，越来越多的人将意识到更多的线下活动可以在线上或虚拟世

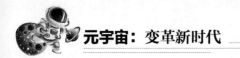

界完成，同时，技术的变革将为人们带来更加便捷的生活。这种对线上生活的认可将为人们理解和接受元宇宙奠定基础。

数字化发展不仅是技术的变革，也掀起了一场思维与认知的革命。疫情之下，人们与现实世界的联系被削弱、与数字世界的联系不断加强，这为元宇宙的发展减轻了阻力。同时，人们与数字世界的交互越多，对其的需求也会越多，这从一定程度上又进一步推动了元宇宙的发展。

1.1.2　互联网原住民崛起，提出数字体验新需求

当前，随着 Z 世代（1995—2009 年间出生的人群）的崛起，他们已经成为市场消费的重要力量。作为互联网的原住民，Z 世代伴随着互联网的发展而成长，享受着互联网数字化带来的红利，具有开阔的眼界和强烈的自我意识。在当前主流数字产品已经深入渗透 Z 世代生活的当下，他们对于数字体验提出了新的要求。

2022 年 4 月，营销咨询公司 Razorfish 进行了一项调查，以了解 Z 世代游戏玩家的习惯、观点、对未来的希望等，最终挖掘元宇宙对社交互动、商业等方面的影响。

该调查显示，Z 世代游戏玩家每周与朋友见面相处的时间为 6.6 小时，而花费在电子游戏上的时间为 12.2 小时。这些游戏玩家十分重视在虚拟世界中获得的体验，将其视为现实生活的延伸。其中，约有一半以上的人表示希望在虚拟世界里赚钱，同时约有三分之一的人希望在虚拟世界中开启职业生涯。

在数字消费体验方面，Z 世代游戏玩家在休闲娱乐方面预算的 20% 用于游戏购买。他们不仅希望企业在虚拟世界中提供虚拟商店，以满足他们在其中浏览和购买产品的需求，同时也希望企业为他们提供虚拟形象和服装。

总之，作为未来消费的主力军，Z 世代对数字体验和数字消费的需求将对元宇宙的相关实践和产品的落地提供助力，成为推动元宇宙发展的积极力量。

1.1.3 Roblox 上市，"元宇宙第一股"一飞冲天

元宇宙这一概念从产生到爆发经历了长时间的沉淀。1992 年，美国作家尼尔·斯蒂芬森首次在其科幻小说《雪崩》提到了"Metaverse（元宇宙）"这一概念，表示这是一个脱胎于现实世界、与现实世界相互影响并始终在线的虚拟世界。

在元宇宙概念出现后的近 30 年，2021 年 3 月，沙盒游戏公司 Roblox 将其写进了招股书，显示了这一概念在资本市场的巨大影响力。上市之前，公司估值约为 300 亿美元，而在上市首日收盘后，其市值突破了 380 亿美元。此后，头顶"元宇宙第一股"的标签，Roblox 的市值一路上涨。

为什么 Roblox 能够获得资本的关注和青睐？原因就在于其产品与其推崇的元宇宙概念十分契合。Roblox 打造了一个大型多人在线游戏创作平台，支持玩家设计游戏世界中的玩法、物品、服饰等，同时能够体验其中开发者开发的各种新游戏。

Roblox 平台具有两大功能。其一是 UGC（User Generated Content，用户生成内容）游戏创作功能，支持广大开发者开展游戏创作。其二是互动社区，游戏

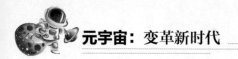

开发者们可以在其中畅所欲言，玩家也可以在其中与开发者进行交流，提出游戏的优化建议。

从构成上来看，Roblox 平台由 Roblox Client、Roblox Studio、Roblox Cloud 三部分构成。其中，Roblox Client 是为玩家提供 3D 游戏内容体验的平台，构建了数千万个 3D 游戏世界，支持玩家通过手机端、PC 端以及 VR（Virtual Reality，虚拟现实）设备进行登录并体验。

Roblox Studio 为开发者设计并运行游戏提供的开发引擎，旨在简化开发步骤，降低开发者门槛，是 Roblox 源源不断产出游戏内容的保障。

Roblox Cloud 是 Roblox 的后端基建部分，为玩家和开发者提供数据存储、虚拟货币等平台服务。Roblox Cloud 赋予了玩家"即点即玩"的游戏体验，无需下载游戏即可自由体验。

通过以上三部分的相互配合，Roblox 搭建起了从开发、运行、体验到相关保障的完整生态闭环。

此外，在平台提供的完整生态闭环中，还存在完善的、由虚拟货币 Robux 搭建起来的经济系统。玩家可以通过充值获得 Robux，并通过 Robux 购买游戏道具，进行相关交易等。同时，凭借该经济系统，Roblox 可以以高激励政策搭建活跃的创作生态。对于免费游戏，开发者可以依据玩家体验游戏的时长获得收益；对于付费游戏，开发者可以依据玩家对于游戏的消费获得收益。在获得 Robux 分成后，开发者可以将其兑换为现实世界中的货币。

总之，Roblox 不仅搭建起了完善的生态闭环，提供多样的沉浸式游戏体验，还搭建了完善的、与现实世界连通的经济体系。不仅拥有清晰的商业模式，还依托虚拟化身、沉浸式游戏、完善的经济系统等具有发展成为元宇宙世界的强大基因。Roblox 正是显示出了未来发展的巨大潜力，才成功获得资本的支持。

1.2　元宇宙解析：多维度了解元宇宙特点

元宇宙的特点体现在可以为人们提供虚拟化身、沉浸式交互体验，同时支持人们在其中进行创造和交易。此外，元宇宙与现实是相互连通、相互交融的。

1.2.1　提供虚拟化身，开启元宇宙"第二人生"

用户进入元宇宙体验时需要一个通行证与身份标识，这就是用户的虚拟化身。在元宇宙中，用户可以以虚拟化身进行游戏、工作等各种活动，获得身临其境的沉浸式体验。

虚拟化身是元宇宙所体现出来的核心特点之一，但虚拟化身不止存在于元宇宙虚拟世界中。在元宇宙未爆发之前，虚拟化身便已经广泛存在于网络世界中。人们在社交软件中的平面头像、游戏中体现出的虚拟角色等都是虚拟化身的表现形式。

随着技术的发展，虚拟化身呈现出了多样的表现形式。不同于以往单一、平面化的虚拟化身，当前的很多社交平台、游戏等都支持用户对虚拟化身的样貌、服饰、发型等进行个性化的定制，更能满足虚拟化身对于个人身份的表现。

而元宇宙将为用户提供更加丰满立体、彰显用户个性的虚拟化身。例如，元

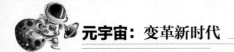

宇宙项目 PUGG 支持用户上传自己的照片，再通过游戏里的 3D 模型系统生成更具个性化的虚拟化身。与以往人们使用的平面照片不同，根据照片生成的虚拟化身能够立体展示人的脸部特征，体现出其独一无二的特点，能够大大提升人们在虚拟世界中的真实感。

同时，不同于传统网络中的虚拟化身，元宇宙中的虚拟化身不仅拥有更丰满的形象，还能够在 VR 设备、各类传感器的支持下真实显示用户在现实世界中的动作、表情等。凭借这种自然的连接，用户可以通过虚拟化身在元宇宙中自由活动，进行各种创造。

当前，基于元宇宙良好的发展态势，许多专注于虚拟化身打造的公司都获得了资本的青睐。2021 年初，3D 虚拟人物社交平台 IMVU 获得了来自网易、投资机构 Structured Capital 等企业投资的 3500 万美元；2022 年 4 月，虚拟化身制作公司 Gennies 完成了由 Silver Lake 领投的 1.5 亿美元融资，估值超过 10 亿美元。

从当前趋势来看，虚拟化身制作将在技术与资本的助推下不断发展。未来，市场中或将出现形象更加拟真、动作更加自由、体验更加真实的虚拟化身，而用户也将凭借这些更智能的虚拟化身，自由体验在元宇宙中的"第二人生"。

1.2.2 沉浸式交互体验，突破屏幕限制

元宇宙为用户提供了一个立体、虚拟，却又能让人感到无限真实的虚拟世界。用户将以虚拟化身参与元宇宙，这重新定义了用户与虚拟世界的交互方式。借助虚拟化身，用户可以与虚拟世界中的人或物进行自由交互，获得超级沉浸的虚拟世界体验。

电影《头号玩家》曾对元宇宙概念下的虚拟世界进行了描绘。在电影世界中，人们可以借助智能设备，自由穿梭于现实世界与名为"绿洲"的虚拟世界之间，凭借虚拟化身在虚拟世界中娱乐、工作、学习等。随着技术的发展，电影里描绘的这些自由交互形式都将在未来的元宇宙中逐步实现。

当前，在 VR 技术的支持下，以虚拟化身进行沉浸式交互体验已经成为现实。例如，VR 太空冒险游戏 Spaceteam VR 就为玩家提供了个性化的 3D 虚拟化身。游戏向用户提供多样的制服、饰品等道具，能够满足用户的个性化需求。同时，在沉浸式交互方面，玩家不仅可以在游戏中看到彼此的虚拟化身并进行互动，还可以在宇宙飞船中围绕中央控制台分工合作，使飞船躲避小行星、外星人或其他太空物体的威胁。

当前，沉浸式交互体验已现雏形。未来，随着元宇宙的发展，这一特点将进一步显化，为更多用户提供覆盖更多场景的沉浸式互动体验。

1.2.3　用户共创助力内容生产，体验者也是创作者

在内容创作方面，元宇宙的突出特点表现为共创。共创指的是创作者驱动的内容生产方式。在元宇宙中，用户既是元宇宙内容的体验者，也是内容的创作者。在元宇宙中，用户可以进行原创或者二次创作，在共创、共享的新经济系统中获利分成。因此，元宇宙创作者经济得以崛起。

在当前的互联网中，微信公众号、抖音等线上平台为用户提供了多样的文字、视频创作空间。用户创作也变得更加简单、更加全民化。那么，在元宇宙中，用

户创作将会有哪些变化呢？

一方面，用户创作将打破平面限制，变得更加立体。无论是通过手机还是电脑进行创作，用户得到的视听体验往往停留在平面层面，而元宇宙则为用户创作增加了立体的维度。例如，当前在游戏设计中，创作者往往通过键盘、以指令操控游戏角色；而在元宇宙游戏的设计中，创作者现实中的动作、表情等会真实反馈到元宇宙中。创作者可以沉浸式地体验游戏角色的行为，并依据切实体验对其进行改进。

另一方面，在创作载体上，以手机、电脑为主的创作工具将逐渐过渡到 VR、AR（Augmented Reality，增强现实）等新一代智能设备。借助这些智能设备，用户不再需要借助手机、电脑等进行创作，而是以虚拟化身进入元宇宙，自由地通过其中的资源进行创造。

基于元宇宙创作的便捷性和带来的新奇体验，元宇宙将催生一大批创作者。而用户成为内容创作的主体，产出源源不断的内容，推动元宇宙的持续发展。

1.2.4 形成完善的元宇宙经济体系

元宇宙中的内容丰富多样，其不是单纯地对现实世界进行复制，而是包括了对现实世界的再创造。在体验的丰富性方面，元宇宙是远超现实世界的。未来，在元宇宙中，人们的学习、工作、艺术创作等，都将在元宇宙中进行。而经济是社会的基础，要想实现理想中的元宇宙，其必须具备完善的经济系统。

经济活动包括产品的生产、分配、消费等要素，为满足这些活动的实现，元宇宙经济体系也需要具备三大要素，如图 1-2 所示。

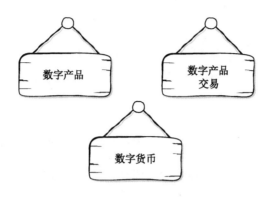

图 1-2　元宇宙经济体系的三大要素

（1）数字产品

数字产品来源于元宇宙用户的自由创作。多种多样的数字产品能够吸引更多的人为其消费，也能够激发更多用户成为元宇宙数字产品的创作者。要想产出更多的数字产品，关键在于降低创作门槛。在这方面，Roblox、Epic Games 都推出了平台自用引擎，为用户创作提供简易上手的工具。

元宇宙中的数字产品与当前互联网中作品的最大区别在于产权的明确。传统的数字创作传递的都是副本，可以无限复制。而借助 NFT（Non-Fungible Token，非同质化代币）的确权，元宇宙中的数字产品具有了资产属性，拥有了明确的产权。

（2）数字产品交易

元宇宙经济体系需要满足数字产品交易的需求。数字产品首先要能够交易，创作者才能够通过创作获得经济收益。元宇宙经济体系能够有效激励创作者不断创造，从而促进元宇宙的繁荣。不同于当前主流的中心化经济体系，依托区块链技术，元宇宙得以搭建起一个去中心化的经济体系，被确权的数字产品可以在其中自由交易。同时，当前许多游戏中的道具支持自由交易，但往往需要借助第三方平台才能够实现，并且只能够在游戏内使用。而在元宇宙经济体系中，平台与平台之间的隔阂将被打破，跨平台的数字产品交易也将会实现。

（3）数字货币

独立的经济体系需要有独立的货币系统。因此，元宇宙中必须要有一种通用的数字货币。数字货币是数字产品交易的媒介，可以打通价值转移的通道。同时，元宇宙经济体系与现实世界的经济体系是连通的。因此，元宇宙中的数字货币可以与现实世界中的货币相互兑换。

理想状态下，元宇宙将搭建一个与现实世界共生的生态。在这样的生态体系中，完善、稳定的经济体系是保障元宇宙健康发展的根本。

1.2.5　虚实相融，跨越虚拟与现实间的数字鸿沟

元宇宙与现实世界并不是割裂的，其脱胎于现实世界，又与现实世界相融，

呈现出虚实融合的特点。具体而言，元宇宙所带来的虚拟世界与现实世界的相融主要表现在以下 3 个方面，如图 1-3 所示。

数字身份与现实身份相融　01

02　数字经济与实体经济相融

数字生活与现实生活相融　03

图 1-3　虚拟世界与现实世界相融的表现

（1）数字身份与现实身份相融

进入元宇宙中后，用户会获得一个唯一的数字身份。同时，数字身份也会与用户现实中的身份相融合，形成一种新型身份体系。在身份的表现方面，现实中的人会通过服饰、首饰等物品来显示自己的身份与品味。而在元宇宙中，数字化的服饰、收藏品等将会成为数字身份的外在表现，展示用户的独特品味。

（2）数字经济与实体经济相融

元宇宙的发展将加速数字经济与实体经济的相融。一方面，依托区块链和智能合约的新经济模式，元宇宙世界中可实现更安全、去中心化的经济交易。交易双方无需借助第三方交易中心就可以点对点完成交易，这将大大降低交易成本，激发更多链上交易。另一方面，元宇宙用户创作和交易将衍生创作者经济。创作

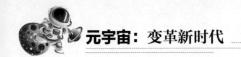
者经济兼具商业和文化价值，不仅能够刺激元宇宙经济增长，还将带来数字文化的繁荣。用户在元宇宙的创作收益可以转换为现实世界中的资产，从而促进实体经济的发展。

（3）数字生活与现实生活相融

近年来，可自由创作的沙盒游戏得到了广大玩家的喜爱。玩家可以在游戏中选择创造和体验不一样的虚拟人生。这些游戏体现了数字生活方式的内核，也展现了元宇宙生活方式的雏形。未来，伴随着元宇宙的发展，将有更多用户在元宇宙中进行数字体验，数字生活将与现实生活进一步相融。

通过以上 3 个方面的逐步融合，元宇宙所创造出的虚拟世界将与现实世界紧密融合在一起，实现共同发展。

1.3 创新体验：元宇宙提供生活新方式

相较于当下的生活，元宇宙将提供生活新方式，带来全新的体验。在元宇宙中，人们能够突破物理空间的限制，获得更加真实的沉浸体验，自由地娱乐、社交和消费。

1.3.1　娱乐场景扩展，创造虚实结合的娱乐体验

2022 年 6 月，以跨界联动出圈的动作射击游戏《堡垒之夜》携手日本流行歌手星野源召开了一场备受期待的虚拟演唱会。星野源作为虚拟演唱会"SoundWave（声浪）"的嘉宾，为游戏玩家带来了一场 72 小时不间断的沉浸式视听体验。

在此次虚拟演唱会中，玩家可以进入一个由 3D Lab 创作者团队打造的虚拟演唱会互动空间，在新奇、梦幻的虚拟演唱会现场享受星野源带来的多首流行歌曲。演唱会现场被灯光、鲜花覆盖。同时，随着歌曲的变化，玩家所处的环境也会不断变换。在沉浸式享受虚拟演唱会的过程中，玩家还可以在现场自由跳舞，随音乐节拍尽情摇摆。此外，作为参与虚拟演唱会的奖励，玩家还会获得大量经验值以及演唱会限定道具。

作为 Epic Games 旗下十分受欢迎的一款游戏，《堡垒之夜》以丰富的游戏模式、精良的游戏设计吸引了大量玩家。同时，作为 Epic Games 实践元宇宙场景的主要阵地，《堡垒之夜》并不满足只为玩家提供游戏体验，而是积极将游戏与演唱会相结合，与多位歌手联动，为玩家提供多元的娱乐体验。

"游戏+虚拟演唱会"的娱乐方式展示了娱乐场景的扩展。未来，观影、密室逃脱、剧本杀等更多线下娱乐方式将被搬到元宇宙中。玩家不仅可以感受还原各种细节的拟真虚拟环境，还可以借助 VR 设备与其他玩家实时互动，获得超级沉浸的娱乐体验。

1.3.2　交互升级，创造实时互动的虚拟社交体验

当前，随着互联网的发展，人们的社交活动得以在线上实现，身处异地的人们可以借助各种社交软件进行线上社交。而在元宇宙中，得益于交互方式的升级，人们能够打破屏幕限制，在虚拟世界中以虚拟化身的形式进行实时的社交活动。

目前，在沉浸式社交方面，已经有一些平台进行了探索。例如，VR 社交平台 VRChat 就打造了一个沉浸式交互空间。相比于当前一些以虚拟形象定制出圈的社交平台，VRChat 里的用户形象不再是一个提线木偶般的虚拟形象，而是真正可以实时反映用户躯体行为的虚拟化身，拥有更多自由活动的空间。

借助外置可穿戴设备、眼部追踪、运动范围捕捉等多方面的技术，用户可以以虚拟化身的形式在虚拟世界中进行自由的游戏和社交，与其他朋友一起散步聊天、打保龄球、跳舞等。VRChat 将用户的虚拟化身与沉浸式社交紧密结合起来，满足用户的游戏、社交互动需求以及情绪体验。

具体而言，VRChat 对于虚拟世界沉浸感的打造主要表现在以下 2 个方面。一方面，VRChat 能够实现沉浸式情境互动。为提升用户的交互性，VRChat 打造了数百个交互场景，为用户创造了多样、拟真的社交环境，以满足用户的情感预期。同时，VRChat 在场景设计方面赋予用户更多自主权。用户可以充分发挥自身想象力，设计各种超现实的奇幻场景。

另一方面，借助先进的 VR 技术，VR Chat 在打造用户临场感方面十分具有优势。在 VR Chat 中，用户可以借助 VR 设备控制虚拟世界中的虚拟化身，自由展现不同的动作、表情，以第一视角与其他用户进行有触感的互动，获得真实的交互体验。这为用户提供了一种面对面交流的临场感。

未来，伴随着元宇宙的发展，实时交互的虚拟社交将逐渐成为更主流的社交方式，为用户带来更真实、更自由的线上社交体验。

1.3.3　消费场景迭代，虚拟消费提供消费新体验

元宇宙不仅可以变革娱乐和社交场景，还能够为用户提供新奇的消费体验。当前，人们的消费模式主要包括面对面的线下消费和隔着屏幕的线上消费等，而在元宇宙中，用户能够以虚拟化身的形式进入一个虚拟的消费场景，在其中获得真实的消费体验。

2022 年初，电子巨头三星宣布和元宇宙平台 Decentraland 达成合作，计划在其平台上开设虚拟商店。虚拟商店通过"数字剧场""数字森林""定制音乐庆典"等项目为用户提供虚拟体验。

其中，"数字剧场"会滚动播放 CES 2022（2022 年国际消费类电子产品展览会）期间三星的相关消息；"数字森林"打造了一片由数百万棵虚拟树木组成的虚拟森林，供用户浏览、体验；"定制音乐庆典"指的是用户可以参加三星举办的 MR（Mixed Reality，混合现实）舞蹈派对。除了获得新奇的娱乐体验外，用户还有机会获得 NFT 徽章和限量版可穿戴设备。

三星在消费场景方面的探索并不是个例。元宇宙风潮渐起，在趋势之下，越来越多的企业开始以打造虚拟消费场景为目标为用户提供新奇的消费体验。而在

自由度更高的虚拟世界中，虚拟消费场景并不单指的是虚拟商店，而可能是一个融合多种虚拟商店的虚拟购物城、与游乐场结合在一起的娱乐消费虚拟空间等。在未来的元宇宙中，更多关于消费场景的想象将会逐一实现。

第2章

产业图景：元宇宙布局逐渐铺开

从宏观层面来看，当前元宇宙已经形成了较为完善的产业布局。无论是基础设施层、核心层还是应用层，都聚集着大量企业。这些企业的探索实践推动了元宇宙产业的发展，在产业逐渐繁荣过程中，各层面的联系也变得愈发紧密。

2.1　三大层次解析元宇宙产业链

元宇宙产业链包括基础设施层、核心层和应用层。其中，基础设施层为元宇宙产业链提供底层支撑，核心层提供实现元宇宙体验的终端和各种技术，应用层涉及元宇宙落地的多领域应用。

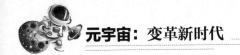

2.1.1 基础设施层：通信网络+算力+技术

元宇宙的基础设施层包括通信网络、算力、技术 3 方面的基础设施，负责数据的实时传输、存储、处理、挖掘与分析决策等工作。

（1）通信网络

通信网络基础设施包括光纤通信、移动通信、WIFI 等多类型系统设施，为元宇宙的数据互联、交互提供连接保障。以 5G 移动通信技术为例，基于 5G 的增强型移动宽带、可靠低时延和广泛物联等特性，能够为元宇宙应用提供可靠的连接基础。

自 5G 商用以来，其基础设施建设持续加速。截至 2022 年 2 月，我国 5G 基站总数达 150.6 万，覆盖范围不断扩大。同时，《"十四五"信息通信行业发展规划》中提到，到 2025 年，每万人拥有 5G 基站的数量有望达到 26 个。这能够为元宇宙相关创新应用的研发奠定网络底座。

（2）算力

算力基础设施能够为元宇宙相关的虚拟数字人、虚拟课堂等应用提供数据挖掘、分析的算力底座，并凭借数据智能计算中心实现云计算、边缘计算、分布式存储等。在元宇宙算力基础设施方面，国外科技巨头英伟达做出了积极部署。英伟达提出了"GPU（图形处理器）+CPU（中央处理器）+DPU（中央处理器分散处理单元）"为一体的数据中心计算架构，并构建 Omniverse 数据中心，为 VR、机器人等方面的研发提供算力支撑。

（3）技术

技术基础设施包括区块链、AI 等诸多元宇宙运行的核心技术。这些技术的融合发展将驱动更多元宇宙创新应用的问世，实现元宇宙平台的搭建、元宇宙内容的创造、经济体系的建立等。

2.1.2　核心层：终端入口+开发引擎+虚实交互

元宇宙的核心层由终端入口、时空生成、交互方式等方面构成。其中，终端入口部分包括进入元宇宙的各类终端、终端所需的软硬件等；时空生成部分包括打造虚拟空间的各种技术工具；虚实交互部分包括实现元宇宙体验的各种交互技术。

（1）终端入口

当前，元宇宙的终端入口主要体现为 VR、AR 等各类头戴式显示设备（以下简称"头显"），其实现的感知体验决定了元宇宙对于用户的吸引力。同时，这些头显也是实现数据计算、虚实交互的重要载体。

自元宇宙爆发后，各类虚拟现实头显也乘着元宇宙的东风实现了快速增长。IDC 数据显示，2021 年全球 VR、AR 头显出货量达 1123 万台。其中，Meta 旗

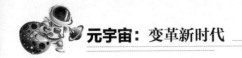

下的 VR 头显 Oculus Quest 2 出货量为 880 万台左右，市场占有率达 80%，是全球 VR 头显市场的龙头产品。我国 VR 头显市场较小，其中，字节跳动旗下 VR 头显品牌 PICO 以及爱奇艺占据了过半市场份额。

（2）开发引擎

开发引擎致力于元宇宙虚拟世界的搭建。在这方面知名的企业主要有美国的 Unity 和 Epic Games。这两家企业拥有领先的技术，在动画效果、物理及光影效果等的表现方面更具优势。同时，两家企业推出的开发引擎能够为广大游戏厂商的游戏开发提供技术支持。2021 年，Unity 全球市场占有率达 49.5%，Epic Games 旗下的 Unreal 引擎的全球市场占有率为 9.68%。越来越多的游戏厂商借助以上两个引擎，进行自身游戏产品的开发。

同时，游戏开发商动视暴雪、EA（美国艺电公司）、Take-Two 等都组建了庞大的研发团队，开发自研引擎，如动视暴雪推出了无尽引擎、EA 推出了寒霜引擎、Take-Two 推出了 Rage 引擎等，同时这些引擎只能在游戏内部使用。

（3）虚实交互

元宇宙中可实现语音交互、触感交互等融合多种交互方式的多模态融合交互，其目的是实现用户以虚拟化身进行多维感官交互，增强交互体验。虚实交互涉及的交互技术主要包括以下 4 种。

（1）语音交互：语音交互技术通过语音激活、语音识别、自然语言处理等功能，打破现实世界与元宇宙之间的屏障，使语音交互更加自然、真实。

（2）动作捕捉：动作捕捉技术是实现虚拟化身自由动作的关键技术。动作捕捉设备能够实现虚拟化身全身肢体、面部表情的捕捉与还原，实现用户在元宇宙中的沉浸式自然交互。

（3）眼动追踪：眼动追踪技术是 VR 头显的标配技术。基于注视点渲染、瞳距自调节等功能，VR 头显能够感知到用户的视线变化，并实时对用户关注的视线点进行渲染，以高效维持高帧率显示。

（4）力反馈：力反馈是一种重要的人机交互技术，能够实现用户在元宇宙中触碰虚拟物体，感知物体的触感、重量、运动等，实现人机力觉交互。

2.1.3　应用层：消费端+行业端+政府端

元宇宙的应用层包括元宇宙多领域应用服务,涉及消费端应用、行业端应用、政府端应用等。

（1）消费端应用

元宇宙消费端应用主要面向个人用户的应用产品。例如，当前许多科技巨头都推出了面向个人用户的元宇宙游戏、元宇宙社交等产品，用户在其中进行元宇宙体验、内容创造以及虚拟消费等活动。这些产品为海量用户提供了元宇宙体验途径，也为企业打通了新的营收渠道。

当前，元宇宙市场中的新星 Roblox 在全球范围内拥有数千万用户。其官方数据显示，2022 年 5 月，Roblox 的月活跃用户达 5040 万。虽然 Roblox 的用户

以青少年为主，用户购买道具的平均消费水平并不高，但在庞大用户基数的支撑下，依旧能够获得巨额收益。

（2）行业端应用

行业端应用指的是元宇宙在工业制造、教育、金融等行业的应用。以工业制造行业为例，元宇宙与工业制造领域的结合将推动工业元宇宙的形成与发展。

工业元宇宙提供了一种虚实结合的工业互联网交互模式，能够实现开放协作的产业形态。工业元宇宙注重可视化和调优性，除了能够搭建虚拟场景，更能够通过在虚拟场景中的协作，解决工业生产中的确切问题。

作为瞄准工业元宇宙赋能企业生产的企业，微软在工业元宇宙方面做出了积极探索。2022年5月，微软与工业机器人领域的领先企业川崎重工达成合作，为其提供工业元宇宙服务。川崎重工将借助微软云计算平台Microsoft Azure、混合显示头显HoloLens等产品，进行生产协作、维修和供应链管理等方面的探索。

以往，工业开发、设计、测试的很多环节都是在现实生活中进行的，而借助微软提供的平台和工具，川崎重工的技术开发人员可以在虚拟世界中体验从工业设计到产品测试的全流程。同时，以往，一旦生产线出现问题，生产就会暂停直到故障被修复，而故障筛查、故障修复往往需要花费大量时间。而借助微软的工业元宇宙系统，技术人员能够快速发现故障问题，并通过异地虚拟协作快速修复故障。

（3）政府端应用

在政府端，元宇宙与政务的结合将加速政务数字化转型的进程。当前，可视化大屏、一网通办等技术使得政务服务更加便捷，但同样存在交互感不强的技术局限。元宇宙政务服务能够打破屏幕限制，提供新的交互模式。

当前，已经有不少城市的政务服务大厅、城市文旅等场景中融入了元宇宙，推出了集专业性与人性化为一身的服务型虚拟数字人。这些应用不仅能够提升城市服务能力，还能够为用户提供更好的服务体验。

伴随着元宇宙的发展，其应用将从多方面覆盖人们的生活。元宇宙不仅能够赋能工业生产、教育培训等传统行业，还将在长期发展中催生新的行业，打造消费新模式，深刻变革人们的生活方式。

2.2　产业铺陈，政府与企业持续入局

2021 年以来，元宇宙市场动作不断，各大科技巨头、行业新秀等纷纷加入布局元宇宙的大军。同时，进入 2022 年，多地政府也将元宇宙纳入地区经济发展规划中，大力发展相关产业。在此基础上，元宇宙产业链不断延伸。

2.2.1　企业方面：走向联合，以产业平台共同发展

元宇宙的落地应用与长久发展需要多种技术的融合，为了加速元宇宙的相关研究与实践，不少企业都以产业平台的方式走向了联合，谋求共同发展。

2021 年 11 月，中国移动通信联合会成立元宇宙产业委员会，成为我国第一家成立的元宇宙产业协会。元宇宙产业委员会致力于元宇宙产业化及产业元宇宙化发展，不断推进元宇宙应用的研发与落地。

元宇宙产业委员会成立之后不久，公布了首批成员名单，其中包括深圳中青宝互动网络股份有限公司、天下秀数字科技（集团）股份有限公司等 8 家上市公司，均是元宇宙领域拥有技术或产品优势、发展潜力较大的企业。

除了元宇宙产业委员会，2022 年 6 月，由中国电信主导，广东省电信规划设计院有限公司、广东虚拟现实科技有限公司"燧光"、广东亿迅科技有限公司联合打造的元宇宙产业能力基地正式落成。该基地致力于打造标杆示范型元宇宙项目，拓展元宇宙业务。

具体而言，该基地将"5G+XR（扩展现实）"为技术底座，搭建具备技术能力、产品能力、服务能力的企业级元宇宙能力生态平台，并为工业生产、教育、医疗、安保等多领域提供产业元宇宙解决方案，赋能未来城市建设的方方面面。

当前，市场中元宇宙产业平台越来越多，企业从单打独斗到走向元宇宙共建已经成为趋势。这些元宇宙产业平台在发展过程中，将吸纳更多的企业加入，汇聚更多先进技术，加速元宇宙创新进程。同时，各企业也能够借产业平台开展元宇宙业务，以平台技术优势、解决方案优势等发展元宇宙项目，最终推进元宇宙产业繁荣。

2.2.2　政府层面：多地政府推出元宇宙扶持政策

元宇宙与 XR、人工智能等互联网前沿技术和数字经济密切相关。基于此，元宇宙被多地政府看作发展数字经济的一个切入点，成为一个新的可孵化产业。目前，多地都政府都表明了对元宇宙的积极态度。

（1）上海

2021年12月，上海市委经济工作会议表示，要"引导企业加紧研究未来虚拟世界与现实社会相交互的重要平台，适时布局切入。"这成为我国各地政府对元宇宙的第一次正面表态。随后，12月末，上海发布《上海市电子信息制造业发展"十四五"规划》（以下简称《规划》），该《规划》表示，上海要前瞻布局量子计算、6G通信、元宇宙等领域，支持元宇宙相关技术的攻关，鼓励元宇宙在公共服务、社交娱乐、工业制造等领域的应用。该政策表现了上海对元宇宙产业发展的积极引导。

（2）广州

2022年4月，广州市黄埔区发布了《广州市黄埔区、广州开发区促进元宇宙创新发展办法》（以下简称《办法》），该《办法》为元宇宙专项扶持政策，聚焦元宇宙发展所需的人机交互、XR等领域，推动元宇宙的产业化应用。

根据该《办法》，黄埔区、广州开发区将引进并培育一批在元宇宙技术、平台搭建等方面具有领先优势的领军企业，并为其发放租房补贴、购置办公用房补贴等。同时，在人才引流方面，黄埔区、广州开发区将分类、分层对不同人才给予不同程度的补贴。

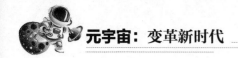

（3）厦门

2022 年 3 月，《厦门市元宇宙产业发展三年行动计划（2022－2024 年）》（以下简称《行动计划》）发布。该《行动计划》提出，厦门将以元宇宙发展机遇为契机，打造"元宇宙生态样板城市"。

按照《行动计划》，厦门将开展以下 5 项重点行动。

①基础研究攻关行动：积极推进研发工作和创新平台建设。

②应用场景构建行动：推进科研院所和企业的合作，打造元宇宙应用平台，推动虚拟数字人在城市管理、民生服务等领域的应用。

③企业引培发展行动：服务一批元宇宙技术研发领先企业，组建元宇宙产业联盟；加大对元宇宙领军企业的引入；引导企业探索元宇宙相关技术与应用，为企业开放应用场景。

④产业生态构建行动：积极推进元宇宙人才引入、投融资服务体系完善等方面的工作，提升行业配套服务水平。

⑤监管治理提升行动：对元宇宙应用进行规范与指导。

元宇宙的发展离不开政策的支持。在各地元宇宙扶持政策的支持下，企业的技术研发、应用实践等活动才能够更顺利地开展，元宇宙产业化发展才能够得到有力推动。

2.2.3　元宇宙政企合作，推进产业发展融合

企业和政府在元宇宙领域的共同布局并不是割裂的，而是呈现出相互融合的

趋势，企业凭借各地元宇宙支持政策获得发展优势，而政府则依托企业具备的技术与产品优势推进区域产业链融合与发展。

2021年年末，三亚市政府与网易签订了合作协议。根据协议，网易将在三亚设立海南总部，搭建元宇宙产业基地项目。

凭借多年的发展，网易在元宇宙技术、人才等方面已经有了较为深厚的积累。在VR、AR、人工智能、云游戏、区块链等元宇宙相关领域，网易拥有领先的技术水平，并已经推出了"瑶台"沉浸式活动系统、虚拟主播等元宇宙相关产品。元宇宙产业基地项目落地三亚后，网易将继续积极进行元宇宙相关实践，同时推进新产品在多场景中的应用。

除了三亚，厦门也在政企合作方面做出了初步成果。2022年5月，元宇宙产业人才基地在厦门火炬人工智能专业孵化器揭牌设立。该基地由厦门火炬高新区管委会、厦门市委人才工作领导小组办公室等指导，由黑镜科技、蚂蚁特工、数贝云集等30多家企业和机构共建。同时，工信部人才交流中心、厦门市云大物智数据研究院等单位也为其提供专业指导。

元宇宙产业人才基地聚焦元宇宙产业人才需求，致力于高层次人才的培育。元宇宙产业人才基地将聚焦XR、区块链、3D引擎、云计算等元宇宙核心技术领域，实施产业人才培育发展计划。具体而言，基地共建单位的负责人、工程师等将作为授课导师，结合元宇宙产业实际情况开发课程，为元宇宙人才授课，以提升人才与元宇宙产业的适配度。

同时，元宇宙产业人才基地也是一个汇聚各方资源的平台。各企业借助这个平台，可以相互交流、合作，实现共同发展。

在元宇宙产业不断铺陈的过程中，政企合作将成为其中的重要推动力量。当

前，已经有不少政企合作案例做出了优秀的表率，为后来者提供了典型范例。未来，产业中将会涌现出更多的政企合作案例，共同推进元宇宙产业链的发展、完善。

第3章

BIGANT：元宇宙的六大核心技术

元宇宙是多种先进技术融合发展的结果，包括六大核心技术"BIGANT"。其中，B 为区块链技术（Blockchain），I 为交互技术（Interactivity)），G 为电子游戏技术（Game），A 为人工智能技术（AI），N 为网络及运算技术（Network），T 为物联网技术（Internet of Things）。在以上 6 种核心技术的支持下，元宇宙才能够顺利搭建。

3.1　区块链：元宇宙的"安全卫士"

在日常生活中，数据安全问题时有发生，往往会造成巨大损失。元宇宙是海量数据的集合，用户的身份数据、资产数据等都存储于其中。一旦出现数据安全问题，则会造成重大损失。在这方面，区块链可以实现去中心化存储、运行等功

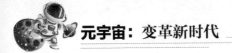

能，为用户提供更安全的保障。

3.1.1 四大核心技术赋能区块链

区块链是一种融合了多项细分技术的集成技术，其具备以下四大核心技术，如图 3-1 所示。

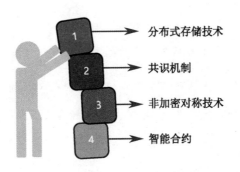

图 3-1 区块链的四大核心技术

（1）分布式存储技术

分布式存储技术是一种点到点的存储技术，存储不依赖于服务器。这既提升了数据存储的效率，又保证了数据存储的安全性。分布式存储技术意味着中心化的记账节点不复存在，可以实现多节点共同记账。同时，每一个节点账本数据的变化都会同步到其他账本中，能够有效实现存储数据共享。这有效解决了单一记账节点被控制的问题。

（2）共识机制

共识机制指的是通过对特定节点的投票，在短时间内完成数据的验证和确认。在共同记账的过程中，单一节点的账算的是否正确需要进行验证，验证需要基于明确的规则，而共识机制就是这种规则。只有共识机制确认后，各节点才能够实现共同记账。通过共识机制，区块链能够解决陌生人之间的信任问题。用户可以通过数据、规则确认交易的真实性，从而达成交易。

（3）非加密对称技术

非加密对称技术能够实现用户在加密和解密的过程中使用不同的密钥。用户拥有公钥与私钥两种密钥，公钥用于加密，私钥用于解密。其中，公钥是可以公开的，而私钥由用户自己保存。发送加密信息时，其他用户可以利用特定用户的公钥加密信息，然后发送给该用户，而该用户可以用独有的私钥对该加密信息进行解密，从而获取信息。由公钥加密的信息只能由对应的私钥解密。对于没有私钥的其他人来说，该加密内容是不可读的。这大大保证了数据传输的安全性。

（4）智能合约

智能合约以代码的形式在区块链中运行，一旦合约中的某个条款被触发，合约就会自动执行。这能够破解数字交易中的信任问题。传统交易模式中，如果出现了违约情况，就需要进行相应的赔付，一旦违约方毁约，则另一方很难获得应

得的赔付。

在区块链中进行交易时，交易双方可以事先约定合同履约完成的节点、出现违约情况的具体赔付条件等。在合同履行的过程中，一旦触发约定时的条件，系统就会自动执行之后的程序，从而保证合同的顺利执行。

3.1.2　提供安全保障，助力元宇宙长久发展

区块链是构建元宇宙社会的底层技术，为其运行提供底层支撑。具体而言，区块链能够搭建元宇宙的信任机制，为元宇宙的安全运行提供保障。

一方面，区块链能够明确用户在元宇宙中的数字身份，保护用户的隐私安全。基于区块链的认证技术，用户能够拥有一个明确、唯一的数字身份，这是用户在元宇宙中进行各种活动的基础。基于区块链提供的数字身份，用户在与人进行互动、交易时能够认证对方的身份，实现彼此之间的身份信任。如果没有搭建一个完善的数字身份体系，那么虚拟空间可以是一个使用场景，可以是一个大型游戏，但无法形成一个持续发展的信赖性社会。

同时，用户个人身份数据上链后，基于区块链的去中心化运行机制，可以避免传统中心化系统中常见的数据丢失、被篡改等问题，有效保障数据安全。

另一方面，区块链能够为元宇宙中的数字交易提供安全保障。进行交易时，双方可以通过智能合约的方式，将合约条款以代码的形式写好。智能合约一旦写好，便会自动执行，当其中的条款被触发，智能合约就会按照之前的设定执行相关操作。这能够有效解决交易中的合约纠纷。

总体而言，区块链为元宇宙的运行搭建了一个去中心化运行的系统。用

户的身份、交易、资产等数据都能够在这一系统中得到安全保障。稳定的运行系统是支撑元宇宙内容创作、交易的重要保障，也是元宇宙经济系统形成的底层支撑。

3.2　交互技术：实现实时的虚实交互

元宇宙中，用户以虚拟化身存在，并以虚拟化身进行奔跑、跳跃等动作以及工作、学习、创作等行为。这意味着，用户需要与各种设备进行实时、自然的人机交互。在这方面，交互技术可以助力虚拟世界与现实世界的连接，使用户可以自由在元宇宙中尝试各种体验。

3.2.1　XR 技术升级，打开元宇宙入口

XR 是 VR/AR/MR 等技术的统称。作为连接虚拟与现实的关键技术，XR 将打开通向元宇宙的入口。

其中，VR 能够搭建一个完全虚拟的世界，支持用户在其中体验与创造；AR能够将虚拟场景、虚拟物体等引入现实世界，并支持用户与其进行互动；MR 则能够形成一个融合现实世界与虚拟世界的混合世界，用户可以在虚拟世界与现实世界中自由切换。

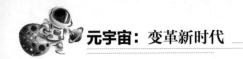

XR 技术的升级依赖哪些技术？华为云对于 XR 技术的探索给出了一个明确的答案。华为云发布的 XR 云服务具有 5 大核心能力。

（1）大规模 3D 地图构建：华为云支持卫星制图，搭配地图自动生成系统，可实现 3D 地图大规模构建。

（2）全场景适应的空间计算：华为云 XR 具备根据环境特征匹配的定位技术。基于满足室内、室外、白天、夜晚等定位的全场景适应的空间计算，可实现长时间的全场景导航。

（3）高速率的 AI 渲染算法：以往，平面图像经过 3D 渲染后才能够生成三维虚拟世界。华为云 XR 通过端云结合的 AI 算法，可实现画质与实时性的均衡，提升渲染效率与效果。

（4）虚拟数字人渲染：华为云 XR 在虚拟数字人的建模、渲染、生成等方面也有所研究，可实现自动化高拟真度人体模型的生成。

（5）TWS FOV 传输技术：在 360 度 VR 视频方面，华为云 XR 采用了 TWS FOV 传输技术。降低资源消耗、提升传输速率的同时，还能够解决视频显示黑边问题，提升转头高清体验。

华为云对于 XR 技术的探索无疑推动了 XR 技术的进步。未来，随着 XR 技术的持续研发和升级，虚拟与现实的入口将被进一步开发，实现虚拟与现实间的更深层次的连接。

3.2.2　元宇宙发展，赋能 XR 交互新体验

2021 年一直被认为是"元宇宙元年"。这一年，科技巨头纷纷宣布要制定元

宇宙战略。这些科技巨头如果想抢占元宇宙这个"大蛋糕"，XR 是必不可少的工具。在 XR 领域，高通是比较早的入局者，目前已经推出了不止一个以 XR 为基础的服务平台。而且，全球首个支持 5G 连接的 XR 服务平台——骁龙 XR2 也是由高通自主开发的。

4G 时代虽然也出现了很多 XR 产品，但因为速率低、时延长，人们在使用 XR 产品时会感到眩晕，导致体验不佳。在 5G 的助力下，骁龙 XR2 可以为 XR 产品提供 5G 连接，也支持亿万级规模的用户同时进入元宇宙打造的虚拟世界。

因为 5G 具有高速率、低时延等特点，所以骁龙 XR2 可以确保画面和声音是百分百同步的，从而使人们的眩晕感降低，甚至根本没有眩晕感。此外，骁龙 XR2 还可以实现无边界的 XR 交互体验，这就相当于为元宇宙实现大范围的移动连接奠定了基础。

在元宇宙时代，人们要想在虚拟世界中获得和真实世界相同的临场体验感，就离不开技术的帮助。骁龙 XR2 加入了可以多路并行的摄像头，以及先进的计算机视觉处理技术，可以对人们的头、眼睛、嘴唇、手部动作进行实时追踪，从而更精准地还原人们的所有细微动作。专业的 XR 产品还可以对这些动作做出反馈，使元宇宙具备堪比真实世界的拟真度。

元宇宙将向沉浸式的方向发展，提升人们的感官体验，XR 是其中不可或缺的技术。以骁龙 XR2 为代表的 XR 服务平台更是元宇宙时代必备的基础设施。随着元宇宙与 XR 的进一步融合，我们可以相信像骁龙 XR2 这样的代表性产品还会越来越多。

3.3 电子游戏：孕育元宇宙的摇篮

元宇宙与游戏在很多方面都十分相像，也有一些游戏已经展现了元宇宙的雏形。在元宇宙发展的过程中，电子游戏技术将提供重要支持，助力虚拟世界的搭建和创作。

3.3.1 游戏上云，逐步走向元宇宙

得益于 5G 的出现和发展，云游戏受到广泛关注。前瞻产业研究院提供的数据显示，2021 年，我国云游戏市场规模已经超过 190 亿元，预计到 2023 年，市场规模将达到上千亿元。与云游戏相似，元宇宙最近也异常火爆，二者在很多方面都有很强的重叠性。

例如，从技术方面分析，云游戏是元宇宙的载体。云游戏可以把元宇宙需要的数据全部转移到云端，并借助强大的算力对元宇宙的虚拟世界进行搭建和改造。而元宇宙则可以为云游戏带来更多流量，达成一个互惠共赢的局面。

由此可见，元宇宙如果想迅速进入新发展阶段，那云游戏将会是一个非常合格的推动力。这意味着，二者融合已经成为不容忽视的趋势。阿里巴巴云游戏事业部就十分重视元宇宙，发布了新品牌"元境"，专门提供云游戏 PaaS 能力。元

境既是云游戏的建设者，又是元宇宙的推动者，可以为阿里巴巴云游戏事业部提供强大的产品力支撑。

在元宇宙场景下，为了让云游戏具备沉浸感，元境一直在对云游戏的整体体验进行打磨，并不断增强多GPU（Graphics Processing Unit，图形处理器）的协同渲染能力，制定多视角渲染分离方案，使渲染效率得到进一步提升。

对于阿里巴巴来说，元境是布局"元宇宙+云游戏"战略的一项重要措施。虽然阿里巴巴的战略还有一定的优化空间，但在元宇宙时代，云游戏的发展前景十分值得期待。随着元宇宙的逐渐落地，云游戏将会为人们提供更有沉浸感的奇妙体验。

3.3.2　元宇宙游戏爆发，搭建元宇宙雏形

在介绍元宇宙这个新概念时，很多人都会以电影作为例子，如《头号玩家》《异次元骇客》《创战记》等。但如果仔细分析，我们就会发现，这些电影都与游戏息息相关。确实，元宇宙与游戏有很多相似点，例如，都是通过打造虚拟世界来增强人们的体验感。

Facebook在更名为Meta前，就开始从游戏入手进军元宇宙，制定了完善的元宇宙战略。近年来，Facebook收购了很多VR游戏工作室，包括Ready at Dawn、Beat Games、Downpour Interactive等，也投资了一些游戏创作平台，希望进一步加强元宇宙游戏基础建设。

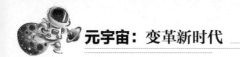

腾讯、字节跳动、网易等科技巨头也在积极布局元宇宙游戏。其中，腾讯在2021 年推出了 4 款元宇宙游戏；字节跳动收购了 VR 设备供应商 PICO，并为《重启世界》的手游开发商代码乾坤投资；网易在 2022 年 1 月投资了 3D 虚拟平台IMVU。

除了科技巨头以外，一些后起之秀也很关注元宇宙游戏。例如，元宇宙游戏《Axie Infinity》市场反响热烈，平均月收入达到上亿美元，进入全球单款游戏盈利排行榜的第一梯队；世纪华通推出元宇宙游戏《LiveTopia》，游戏上线仅 5 个月，月活跃用户数就超过 4000 万。

游戏作为一个亦真亦幻的"数字场景"，与元宇宙十分契合。再加上企业对元宇宙游戏的关注和追捧，更是让元宇宙和游戏的关系变得越来越密切。在不久的将来，人们经常玩的游戏中很可能就会出现元宇宙级别的虚拟世界，让人们获得更奇妙的游戏体验。

3.4　AI：推动元宇宙智能化运行

作为一个庞大的数字生态，元宇宙的运行必然非常智能化，这离不开 AI 的大力支持。借助 AI，元宇宙可以实现智能化内容生产，从而提供海量内容，同时，AI 智能审核也将弥补人工审核的缺陷，保证元宇宙的合规运行。

3.4.1 AIGC：以 AI 实现内容自动创作

近几年，围绕 AI 创作的讨论一直热度不减，而随着 AI 技术的逐渐成熟，AIGC（AI Generated Content，人工智能创作内容）作为一种新型 AI 创作方式更是迅猛发展，受到了外界的很多关注。在这方面，我国首个交互型虚拟数字人度晓晓就是一个非常有代表性的案例。

度晓晓曾经与一名虚拟数字人合作，共同创作了单曲《每分 每秒 每天（AIGC 典藏版）》。单曲中的一些歌词例如，"如果你有心事，都可以讲给我听""不如看场电影，座位就由我来定"等充分体现了度晓晓的高智商和高情商，也反映了度晓晓具有非常不错的内容创作能力。

除了创作内容，度晓晓也可以识别内容的语言风格，以及创作内容的人的情绪，从而给出不同的动作和表情。例如，在与其他人聊天的过程中，度晓晓会根据上下文，判断对方的需求和想法，并以此为基础自动回复合适的内容，与对方完成多轮互动。

2022 年 6 月，度晓晓还参加了高考作文挑战，取得了 48 分的优异成绩。根据北京高考语文阅卷组的反馈，度晓晓的作文不仅紧扣主题、结构完整、语言流畅，还引用了大量经典名言，并在恰当地方使用了修辞手法。

在 2022 年西安美术学院本科毕业设计作品展中，度晓晓只用了数十秒就完成了一幅画作，而且这幅画作已经达到了本科美术生的基本要求。

通过度晓晓的案例可以得知，在 AI 的助力下，率先落地于虚拟数字人领域的 AIGC 已经变得越来越成熟。当元宇宙足够成熟时，AIGC 就可以发挥更大的

价值，如与人们进行个性化聊天互动、为人们提供生活服务、陪伴人们进行娱乐活动等。

3.4.2 AI 审核：实现海量信息快速审核

现在是内容大爆炸时代，在这个时代，对质量参差不齐的海量内容进行处理是很多企业都不得不面临的严峻挑战。如果企业疏于管理，而让一些不良内容或违规内容出现在网上并被广泛传播时，不仅会对企业的形象造成伤害，还会影响社会造成不良影响。

为了解决上述问题，基于 AI 的智能审核系统惊艳亮相，可以实现海量内容的快速审核。智能审核系统融合了自然语言处理、语言识别、语义理解、图像分类、目标检测、深度学习等与 AI 息息相关的技术，可以进一步提高审核效率，同时大幅降低审核成本。

鉴于智能审核系统的重要作用，软通科技推出了智能审核解决方案，对文字、图片、音频、视频等常见内容形式进行自动审核。该方案总结了多个审核维度，包括涉政、涉恐、涉暴、涉黄、恶意灌水等，而且建立了大规模关键词库，可以提供领先于行业的智能审核服务。

软通科技提供的信息显示，现在多家头部企业都在使用其旗下的智能审核解决方案，以达到在更短的时间内建立更完善的审核制度的目的。对于这些企业来说，引入智能审核解决方案可以将那些有潜在风险的内容"揪"出来，从而确保企业可以更安全、健康地发展。

随着自媒体、短视频、直播带货的兴起，企业对 AI 审核的需求达到了一个前所未有的高峰。在这样的大背景下，谁开发出更高效的智能审核系统，谁就可以在发展过程中少"踩雷"。可以说，AI 审核已经成为内容大爆炸时代的趋势，也是企业应该掌握的绝佳商机。

3.5　网络及运算：保证数据实时传输

元宇宙依托网络运行，网络的承载、传输和运算能力都将深刻影响元宇宙的运行效率和质量。而当前，5G 商用已经落地，其将在元宇宙的发展过程中发挥重要作用。

3.5.1　四大特点解析 5G 优势

5G 为人类社会所带来的变革用一句话概括就是万物互联。当今世界是网络化的世界，人类社会的诸多活动都需要通过网络完成，例如在线支付、在线社交、在线游戏等。网络对人类越来越重要。与传统 4G 相比，5G 具有超高速率、超低时延、超大连接的技术特点，它能够为人类带来更美好的服务体验。

（1）高速率

5G 速率能够实现 10 GB/秒的峰值速率，是 4G 的 100 倍。因此，即使在信

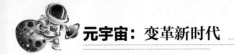

号较差的隧道中，用户也能够用手机观看超清视频。以 VR 游戏为例，很多玩家在玩 VR 游戏的时候会感到音画不同步甚至出现眩晕，实际上这是网络速率低、带宽小导致的。有了 5G 之后，玩家可以更好地享受沉浸式的 VR 游戏。

（2）低时延

5G 的时延最低能够达到 1 毫秒，是 4G 的十分之一，远远优于人体的反应时间。因此，5G 在汽车自动驾驶、工业控制等具有特殊垂类要求的领域会大有作为。它能够为用户提供毫秒级别的时延服务，在面对突发状况时能够在瞬间做出最优选择，避免造成更大损失。

（3）低功耗

现在越来越多的家居、电子设备都具备了联网功能，越是功能全面的设备，其功耗就会越大，需要时常进行充电。但是，频繁充电不仅会影响设备的正常使用，还会降低设备的使用寿命。因此，5G 必须做到低功耗。

（4）万物互联

未来的世界是万物互联的世界，社会中的大多数角落都有网络的存在。目前，5G 在 1 平方公里能够设置 100 万个连接点，除了传统的电脑、手机终端之外，5G 还能够在物联网、车联网等领域广泛应用。

3.5.2　5G升级XR体验，虚实交互更自然

XR是元宇宙底层技术之一，它包括AR、VR、MR等多种技术，是一项综合性扩展现实技术。XR突破了传统的2D平面屏幕局限，具有高互动性，能够为用户带来视觉、听觉等多方面的感官体验，开启了全新的沉浸式体验时代。

5G的发展为XR的应用带来更多可能性。它能够升级XR的多种性能，使虚实交互体验更加自然、真实。

例如在游戏领域，爱奇艺推出了"奇遇3"VR一体机设备，它拥有更加逼真的人机交互体验，能够带来更具有沉浸感的场景空间。这一切都归功于采用了5G技术支持的骁龙XR 2。骁龙XR-2的超大带宽与超低时延为"奇遇3"提供了更为稳定的网络支持，使其内容画面更加精致，互动性更强。

而在教育领域，5G+XR的技术融合不仅打造出新一代的3D全息投影教室，提升了师生的教学体验，还打破了教育的时空限制，解决了教育发展不平衡的问题，让不同地区的孩子都可以在虚拟现实课堂中享受相同质量的教育。而功能齐全的3D全息投影教室运行需要大量的数据支持，传统的4G网络根本无法满足如此大带宽的传输需求，只有5G才能够胜任。因此，从一定程度上来说，5G促进了XR技术的发展与应用。

在未来，5G与XR的结合将在更多领域带来开创性的突破与革新，使虚实交互体验更加自然，加快元宇宙落地的进程。

3.6 物联网：随时随地进入元宇宙

为了吸纳更多用户并提供更好的体验,元宇宙需要满足用户随时随地进入的需求。在这方面,物联网将为元宇宙提供技术支持,实现网络环境的广泛连接。

3.6.1 物联网实现元宇宙的泛在连接

现阶段,人们普遍认为 VR、AR 设备是进入元宇宙的最佳入口。但实际上,多维传感器、脑机接口等技术设备的应用又带来了更多的可能性。在元宇宙与现实世界边界逐渐模糊的过程中,物联网是其中的关键技术。

多维传感器、系统、通信设备等都属于物联网的范围。因此,物联网是现实世界与元宇宙之间的桥梁,只有通过物联网才能够进入元宇宙,实现元宇宙的泛在连接。

物联网实际包含了 4 个层面:感知层、网络层、平台层和应用层。

感知层的功能与人体的感觉器官功能相似,负责收集现实世界中的物理数据。

网络层主要负责传输数据信息,将感知层收集到信息传输到指定部位。传统互联网连接的是人与人,但人与物、物与物之间的连接依然是空白的。物联网能够打通其中的连接，扩展信息互通的边界，更有利于各种先进技术丰富元宇宙及现实世界的内容。

平台层主要为联网设备提供通信交互能力，支持网络层进行数据传输。同时，平台层还能够下发指令，实现对设备的远程控制。例如，用户在公司就能够通过手机打开家里的热水器，这实际上就是物联网的一种具体体现。

应用层是物联网的终极目的。任何技术的研究都是为了在场景中得到更好的应用，更好地服务人类。目前，很多领域都使用了物联网技术，例如电力、农业、智能家居、智慧城市等。物联网在全球的应用范围十分广泛。

基于以上 4 个层面，物联网才能够作为元宇宙的关键技术支撑，实现其泛在连接。虽然当前物联网在制定标准化规则层面依然存在一些空白，但相信随着技术的发展以及各行各业对物联网的重视程度加强，未来万物互联的场景不会太过遥远。

3.6.2　5G 物联网无线模组加速元宇宙建设

物联网技术是元宇宙的重要支撑技术之一，它对于连接现实世界与元宇宙有着非凡的意义。因此，物联网对于连接的标准也更加严格。

物联网无线模组处于感知层与网络层的重要连接位置，它通过规模化、定制化的产品能够在通信空间中布局。同时，它还可以通过收集物理数据，依托边缘计算能力，为元宇宙源源不断地传输大量数据信息，支持元宇宙的运行与管理。所以，物联网无线模组对于加速元宇宙的建设具有重要意义。

以物联网中的通信模组为例，与传统模组所打造的设备终端统一接入口与统一平台不同，基于 5G 技术，无线通信模组能够根据设备终端的个性化需求对设备接入口、平台等进行定制，帮助设备终端以最快速度处理物联网的连接问题，更好地解决元宇宙多模态、跨领域融合所导致的连接难题。

对物联网无线模组而言，端与端的智慧连接不仅能够针对性地解决多元通信之间存在的交流问题，还能够提高物联网的整体算力，打破各领域的技术壁垒，实现多领域、多平台的融合统一，最终达成元宇宙平台统一的目的。

元宇宙为各行各业赋能，促进传统行业的革新与发展，而这些行业又反过来扩展了元宇宙与现实世界的连接，这是物联网技术的机遇，同时也是它所面临的挑战。物联网无线模组也将为元宇宙的建设做出巨大贡献。

第4章

市场现状：开启互联网发展新蓝海

　　作为当下市场的关注热点，元宇宙引爆了整个互联网行业。当前的移动互联网经过长时间的发展，红利渐渐消退，需要新机会打开新市场。而元宇宙作为一片待开发的蓝海，蕴含着巨大的发展潜力，将成为互联网发展的未来方向。

4.1　元宇宙指明了互联网发展的方向

　　随着技术的发展，互联网从 PC 互联网时代进入移动互联网时代。此后，区块链、XR、5G 等技术蓬勃发展，引领新的互联网变革。元宇宙作为一种融合了多种先进技术的应用，展现了互联网未来发展的方向。

4.1.1 互联网红利期渐退，元宇宙红利期渐起

我们必须承认，互联网的出现改变了整个世界，为人们的生活和工作带来了极大便利。但发展至今，互联网的红利已经逐渐消退，而且正在经历三大困境。

一是随着互联网普及率的不断提升，互联网用户规模已经非常稳定，互联网市场增长情况也趋于平稳。这意味着，互联网的流量增长空间几乎已经触顶，其红利将逐步消退。

二是互联网上的很多内容都是通过文字、图像、音频、视频等形式进行呈现，内容呈现形式单一，用户很难从中获得丰富的体验，人与人、人与物之间的距离也比较远。

三是全球各国都在加大互联网平台监管力度，积极出台反垄断政策。这在一定程度上促使互联网企业的经营走向规范化，使其发展变得更平稳。例如，2021年上半年，欧盟就对谷歌、苹果、Facebook、亚马逊等互联网巨头进行反垄断调查，避免其滥用市场支配地位。在互联网行业越来越"内卷"的情况下，元宇宙作为一个受追捧的热点概念，走在了科技变革的最前沿，迎来了红利期。而且，元宇宙可以很好地解决互联网面临的一些问题，例如元宇宙的市场空间比较大，可以帮助互联网获得更好的发展。要想真正解决反垄断，必须重视以元宇宙为代表的科技创新。在数字化、智能化、无人化的大背景下，元宇宙可以创造更多就业机会，在带动就业的同时增加企业的收入。元宇宙的发展与马斯洛需求层次理论中的生理需求、安全需求、爱和归属感需求、尊重需求、自我实现需求是匹配的，能够弥补互联网无法满足人们的需求。

当元宇宙成为新的风口，为了实现领先发展，很多企业都在积极布局元宇宙。例如，Facebook 更名为 Meta、摩根士丹利公开宣布元宇宙很可能成为一个市值 8 万亿美元的庞大市场、微软积极加深人们对元宇宙的认知、谷歌全面推动元宇宙战略……

不仅企业，各国政府也对元宇宙有着敏锐的嗅觉。例如，韩国科学技术和信息通信部成立"元宇宙联盟"，计划投入 2000 万美元开发元宇宙平台，并全面推进元宇宙教育应用；日本发布《关于虚拟空间行业未来可能性与课题的调查报告》，分析其在虚拟空间行业亟待解决的问题，希望借助虚拟空间行业推动元宇宙发展；欧盟重点关注元宇宙的监管问题，以期在元宇宙治理上占据优势；我国推动元宇宙商标注册，不断增强技术专利储备能力。

企业和政府虽然都重视元宇宙。现在社会各界已经达成共识的一点是，元宇宙将成为互联网的下一代形态，企业和政府将共同推出其发展，使其尽快发挥应有的商业价值。

4.1.2　互联网升级，指向元宇宙

2022 年，以 Meta、亚马逊、微软、谷歌为代表的科技巨头早早在元宇宙领域布局。随着元宇宙获得越来越广泛的关注，人们的生活、工作、娱乐方式等都发生了变化，互联网的数字化转型进程也在不断加快。可以说，元宇宙已经成为一个不容忽视的经济发展动力。

元宇宙将 VR、AR、人工智能、物联网等技术整合在一起，建立了一个虚拟世界，打破了互联网限制。具体来说，现实世界中，人们的消费需求通常是由多

家数字平台来满足的，例如，在亚马逊上购买产品、在朋友圈分享产品图片、在大麦网上购买音乐会门票等。而到了元宇宙时代，人们就可以在虚拟世界里同时完成这些事，从而获得更优质的沉浸式体验。

此外，元宇宙也开启了互联网3.0模式，即把互联网变成去中心化网络。这意味着，一些不必要的中间环节可以被砍掉，人们能在网上直接交换和分享信息，从而更好地控制信息。当然，如果人们想卖出或买入一些信息，那么基于互联网的去中心化特点，整个交易会是公开、透明的。换言之，在互联网3.0时代，人们会有一个自己的交易账户。这个账户不仅可以记录和储存人们的所有交易，还可以在不同平台之间无缝切换。

对于互联网，元宇宙无疑是重要的，但目前元宇宙依然处于起步阶段，与其相关的基础设施还在逐渐完善，其社会认可度也亟待提高。不过可以肯定的是，面向元宇宙的早期投资机遇和巨大商业价值已经显现，绝大多数行业也正在被重新定义。

例如，游戏行业在元宇宙的助力下，将巩固自己在用户基础、创作体系、硬件设备上的优势；电商行业将受惠于元宇宙带来的新销售渠道与新营销方式，尽快实现数字化转型。总之，元宇宙有望为游戏、电商等行业赋能，使这些行业获得更好发展。

4.2　资本加持，元宇宙市场动作不断

在长久的发展中，互联网巨头积累了大量资金，需要一个新增长点开展新实

践，而元宇宙则让一些行业巨头看到了增长的新希望。例如，腾讯、字节跳动、微软等企业就纷纷入局，积极制定元宇宙战略，取得了非常不错的成果。

4.2.1 腾讯瞄准游戏领域，入局脚步加快

2021年3月，大型多人在线游戏创作平台Roblox在美国纽交所正式上市，获得了"元宇宙概念第一股"的称号。随后，游戏便被看作是与元宇宙高度契合的领域。因此，在与元宇宙息息相关的诸多案例中，不得不提以游戏为核心业务的腾讯。

丰富的游戏经验和稳定的用户流量，为腾讯孵化元宇宙游戏提供了巨大优势。为了跟上时代潮流，腾讯成立了专业的元宇宙游戏开发团队，还投资了美国游戏开发平台Epic。在元宇宙游戏领域，Epic是极具实力的新晋力量，甚至可以和全球知名游戏平台Steam匹敌。

从2021年9月，腾讯还申请了很多元宇宙商标，包括"QQ元宇宙""腾讯音乐元宇宙""和平精英元宇宙""王者元宇宙""绿洲元宇宙"等。这些元宇宙商标几乎都和腾讯手里的热门IP有关，从侧面体现出腾讯在元宇宙游戏领域志在必得的决心。

2022年，腾讯又与字节跳动参与VR设备供应商PICO的收购，虽然最后腾讯惜败，但也充分说明了腾讯有意完善自己在元宇宙游戏领域的布局战略。而为3D沙盒游戏《迷你世界》提供巨额资金则进一步巩固了腾讯的元宇宙游戏框架。

从整体上来看，腾讯入局元宇宙游戏很可能是一个从量变到质变、从线下到

线上的过程。在这个过程中，腾讯以游戏为切入点，将现实世界与虚拟世界充分地融合在一起，使"元宇宙+游戏"模式越来越成熟。与此同时，腾讯也在元宇宙时代找到了适合自己的新机遇。

其实除了腾讯，英伟达、LG 等科技巨头也纷纷入局元宇宙游戏，还出现了一大批与元宇宙游戏相关的初创企业。在这些科技巨头和初创企业的推动下，元宇宙将迈上更高的台阶，真正成为一个热度颇高、能产生巨大商业价值的现象级文化符号。

4.2.2 字节跳动加码元宇宙赛道，介入元宇宙社交

在腾讯全力入局元宇宙游戏的同时，字节跳动也积极参与元宇宙赛道，瞄准元宇宙社交不断发力。2022 年 1 月，字节跳动公开宣布将推出元宇宙社交 App——"派对岛"。但目前该 App 还处于小范围内测阶段，必须有邀请码才可以使用。

当用户进入"派对岛"后，可以自由地创建虚拟角色，打造一个虚拟世界中的自己。创建虚拟角色的方法与腾讯的 QQ 秀非常相似，用户，可以根据自己的喜好对虚拟角色进行装扮，然后借助虚拟角色正式加入派对岛，享受沉浸式的社交体验。例如，"派对岛"会为人们准备虚拟音乐派对，人们只要化身为自己的虚拟角色就可以参与音乐派对。在音乐派对中，人们不仅可以听到实时播放的音乐，还可以与其他人攀谈，讨论当下热门新闻。

字节跳动入局元宇宙社交已经不是秘密，毕竟从 2021 年下半年开始，它就

一直在积极完善元宇宙社交生态，例如，并购 VR 设备供应商 PICO、投资了设计并量产了半导体 AR 眼镜硬件产品的企业光舟半导体和虚拟数字人开发商、研究升级版元宇宙社交产品等。

在元宇宙时代，社交、内容、全球化都是字节跳动的标签，这些标签与 Facebook 的标签非常相似。当然，字节跳动也希望自己可以和 Facebook 一样，重塑传统社交模式，将元宇宙更好、更快地融合到智能设备中，从而尽早实现社交升级。

我们不可否认，人类生活离不开、也十分需要社交。因此，字节跳动的元宇宙社交在未来一段时间内具备充分的发展潜力。

4.2.3　微软押注元宇宙，"游戏+办公"双管齐下

在对待元宇宙的态度上，要说谁是最积极的企业，那微软肯定是当仁不让。早在 2021 年 11 月，微软便公开宣布自己要制定完善的元宇宙战略，而且认为元宇宙作为一个全新的概念，将为人们的生活、工作带来不亚于互联网的冲击和影响。

即使目前元宇宙尚处于起步阶段，微软也勇于押注元宇宙，采取了"游戏+办公"双管齐下的战略。在游戏方面，微软花费 687 亿美元收购游戏巨头动视暴雪，顺利成为继腾讯和索尼后的又一大游戏企业。之前微软还收购了在游戏领域非常有知名度和影响力的黑曜石工作室，以及深受广大玩家喜爱的国际性游戏开发商 ZeniMax Media。

元宇宙游戏是元宇宙领域最容易变现的一个细分市场。微软通过收购和投资游戏企业入局元宇宙游戏当然也有这方面的考量。但除此以外，微软也希望自己可以迎合更多玩家的需求，进一步推动云游戏、VR 游戏、AR 游戏等元宇宙游戏相关概念的发展。

在办公方面，微软推出了一个以元宇宙为基础的线上办公系统 Horizon Workrooms。该系统有很多极具价值的功能，如多人实时会议、方案共享、实时翻译、转录文字等。员工可以通过佩戴微软自主开发的 HoloLens 头盔或第三方 VR 头盔进入该系统使用这些功能。

除了 Horizon Workrooms 微软还推出了线上办公解决方案 Mesh for Microsoft Teams。该方案融合了 AR、VR、人工智能等技术，支持身处异地的员工召开会议、发送办公信息、处理共享文档等。该方案也提供新一代 3D 会议体验，员工可以定制虚拟形象，并以虚拟形象出席会议，整个过程不需要借助任何特殊设备。

我们不得不承认，微软的元宇宙战略逻辑是非常缜密的，值得其他企业学习和借鉴。尤其是"游戏+办公"双管齐下的战略，更是有利于微软在元宇宙领域先下一城。不过，未来随着竞争越来越激烈，微软要想保住地位、拔得头筹，还是要百尺竿头更进一步。

4.3 元宇宙成为投资新方向

在元宇宙市场中，不仅巨头动作不断，一些后起之秀也凭借元宇宙概念得到了资本的认可，例如，Ultraleap 完成巨额 D 轮融资，市值实现猛增。此外，游戏、社交等诸多产品也赢得了资本青睐。由此可见，元宇宙已经成为资本市场投资的风向标。

4.3.1　硬件领域：Ultraleap 完成巨额 D 轮融资

2021 年 11 月，英国 VR/AR 触觉模拟技术厂商 Ultraleap 顺利完成 D 轮融资，融资金融高达 6000 万英镑（约合 8200 万美元），参与融资的有 Mayfair Equity Partners、IP Group plc 等原股东，以及腾讯、招银国际、British Patient Capital 等新股东。

Ultraleap 成立于 2013 年，总部位于英国的布里斯托，最初名称是 Ultrahaptics。后来，Ultraleap 收购了体感技术公司 Leap Motion，便更名为 Ultraleap。Ultraleap 致力于开发裸手交互技术，并尝试通过超声波传感器阵列为该技术提供触觉反馈。

现在随着元宇宙的发展，Ultraleap 的主攻方向变成 AR/VR 和元宇宙，而且已经与很多企业开展了合作，如无线通信技术公司高通等。值得注意的是，Ultraleap 已经推出了第五代手部追踪平台 Gemini，该平台可以为用户提供稳定、灵活的手部追踪功能。

根据 Ultraleap 提供的信息可以知道，Ultraleap 会用 D 轮融资的资金对 Gemini 进行升级，为其引入更先进的操作系统，帮助高通等合作伙伴打造更多以裸手交互技术为基础的产品。Ultraleap 还会加大技术投入，开发融合机器学习技术的手

部追踪产品。

目前 Ultraleap 已经有近 180 件专利，而且绝大多数都是发明专利。通常，一家企业拥有的发明专利数量越多，这家企业创新能力就越高。因此，Ultraleap 能够获得巨额融资也就不足为奇了。

4.3.2　软件领域：游戏、社交项目获资本青睐

从 2021 年元宇宙热度一路飙升到现在，资本始终对元宇宙非常关注，也愿意为元宇宙相关项目投资。艾媒咨询提供的数据显示，仅 2022 年 4 月，发生在元宇宙领域的融资就有 63 笔，总金额超过 8200 亿美元，其中单笔融资金额最大的约是 20 亿美元。此外，在所有融资中，游戏、社交项目是最受资本青睐的。

在游戏项目方面，2022 年 4 月，元宇宙游戏开发商 Digital Insight Games 完成 A 轮融资，金额为 750 万美元。此次融资由 Hivemind Capital 和 Griffin Gaming Partners 领投，The Hunt Technology Ventures、RSE Ventures、Signum Growth Investments 参投。

2022 年 5 月，美国元宇宙游戏开发商 Irreverent Labs 完成了金额为 4000 万美元的 B 轮融资。关于此次融资，Irreverent Labs 没有披露很多细节，只表示这笔资金将用于开发旗下的元宇宙游戏《MechaFightClub》，完善自己的元宇宙战略布局。

2022 年 6 月，元宇宙游戏开发商 Atmos Labs 完成了种子轮融资，金额为 1100 万美元，由 Sfermion 领投，Animoca Brands、FBG Capital、Alumni Ventures、

RedBeard Ventures、DWeb3、LD Capital、GSR Markets Limited、CoinGecko Ventures、Avocado Guild、UniX Gaming 跟投。这笔资金主要用于建立虚拟游戏世界、扩大团队规模。

在社交项目方面，2021 年 3 月，元宇宙社交平台 Gather 完成由红杉资本领投，Index Ventures、YC Continuity、Jeff Weiner、Dylan Field、Kevin Hartz 参投的 A 轮融资，金额为 2600 万美元。2021 年 11 月，Gather 又完成了金额为 5000 万美元的 B 轮融资，此次融资的领投方依然有红杉资本，参投方则包括 Dylan Field （Figma）、Jeff Weiner LinkedIn、Juan Benet、Lachy Groom、Elad Gil、YC Continuity、Neo、Haystack 等。

2022 年 3 月，元宇宙互动社交平台 Oasis 完成 B 轮融资，金额达到上千万美元。此次融资的领投方有五源资本、绿洲资本、BAI 资本，回音资本担任独家财务顾问。Oasis 公开表示，这笔资金主要用于产品迭代、在全球范围内招揽国际化人才、提升用户服务能力等。

2022 年 5 月，元宇宙社交平台 May.Social 完成天使轮融资，金额为 300 万美元。此次融资的投资者包括元宇宙资本、Mask Network、Folius Ventures、Tess Ventures、SNZ Holding 等国内外知名投资机构。目前 May.Social 已经启动 Pre-A 轮融资。

综上所述，企业"逐梦"元宇宙的脚步一直没有停止，与元宇宙相关的融资事件也在不断增多。从目前的融资趋势来看，未来会有更多元宇宙项目获得资本的青睐，但与此同时，资本对元宇宙项目的要求也会更高。企业还是要将重心放在修炼"内功"上才是正途。

第二篇

元宇宙的多元化应用

第5章

元宇宙+虚拟数字人：碰撞出奇幻火花

在元宇宙概念还未兴起之前，虚拟数字人已经有所发展和应用。元宇宙的爆发扩展了虚拟数字人的应用场景，赋予了其连通现实世界和元宇宙的更高价值。在元宇宙热潮的助推下，虚拟数字人迎来了发展的黄金阶段，应用领域不断拓展，吸引了更多企业积极入局。

5.1　虚拟数字人：进入元宇宙的通行证

虚拟数字人与元宇宙的关系密不可分。虚拟数字人能够为人们提供进入元宇宙的虚拟化身，使其能够在元宇宙中自由活动，体验丰富的虚拟生活。同时，虚拟数字人与现实的逐步融合也扩展了元宇宙的边界，使元宇宙在更多领域落地。

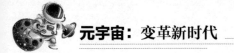
5.1.1　进入虚拟世界：虚拟数字人提供虚拟化身

元宇宙主要由两个系统来实现。第一个是价值系统，由区块链、NFT 等赋能的数字资产在元宇宙各个领域之间流通，这实际上也是价值的流通。它不仅是市场交易的重要部分，也是社会伦理的组成部分。

第二个系统则是身份系统。无论是数字资产的流通还是社会关系的组成，都需要一个可以主动做出行为的载体。例如，元宇宙商城中的衣服不会自己产生，它需要一个主动发出行为的载体去设定生产参数。

在现实世界中由实体人承担这一角色，而在元宇宙当中，虚拟数字人则是构成身份系统的元素。虚拟数字人具有独立人格身份，有在元宇宙当中参与构建数字世界、正常生活、学习、社交和工作的权利。因为虚拟数字人的底层技术逻辑是区块链，所以他也具备区块链所赋予的独特性。现实生活中存在长相十分相似的人，但是不可能存在身份证号一样的人，而区块链就是赋予虚拟数字人身份证号的技术。

此外，区块链还赋予虚拟数字人去中心化的特点，因此它具备独立的人格。基于以上特点，虚拟数字人才能够作为人类在虚拟世界中的化身，在元宇宙当中进行各种生产、生活活动，构建各种社会关系。

除了能够为现实中的个体创造出虚拟数字人形象，人们还可以在元宇宙中创造现实世界中并不存在的虚拟人，虚拟数字人奖惩为元宇宙内部关系的交互载体。由此，元宇宙能够开创全新的人际关系。

5.1.2　融入现实生活：服务型虚拟数字人普及

虚拟数字人作为构成元宇宙身份系统的基本元素，应用十分广泛。例如娱乐行业中的虚拟主持人、虚拟主播，教育培训行业的虚拟老师、虚拟学习助手，文旅行业的虚拟导游等，虚拟数字人已经逐渐走入了人们的日常生活。

其中，服务行业的虚拟数字人发展势头迅猛，虚拟客服、虚拟心理咨询顾问等新型职业纷纷涌现出来。

服务型虚拟数字人能够代替真人与被服务对象进行互动，既能降低该行业对真人服务的要求，又能有效降低真人服务标准化培训的成本。同时，服务型虚拟数字人通常采用标准化工具设定，能够快速适应业务的变化，降低服务过程中出错的概率。因此，服务型数字人主要应用于特定服务场景和产业内容容易规模化复制的行业。

例如京东 2021 年推出的虚拟数字人客服 Joyce，其设定为 22 岁的年轻女性。Joyce 与现实世界中的年轻女性爱好相似，喜欢追剧、喝奶茶和吃美食。但是在工作当中，Joyce 态度认真负责，工作能力很强，能够为前来咨询的用户提供有关售前、售中和售后等各个环节问题的解决方案。

虚拟数字人 Joyce 是集数据库、语音合成、AI、3D 建模等多维前沿技术于一体的元宇宙产物。她能够理解人类的自然语言，并做出与之对应的反馈，同时通过 AI 算法能够驱动表情动作，做出的回应不是冷冰冰的机器语言，而是具有情感的真实反应。

目前 Joyce 作为客服，业务范围已经覆盖到商品咨询、催单、取消订单、查询资产等 8 大场景，而普通人工客服不可能达到与之相同的服务范围。在未来，Joyce 还将尝试商品推荐等工作，为用户带来沉浸式虚拟现实购物体验。

随着元宇宙的发展，服务型虚拟数字人也会不断升级，他们将胜任更多具体的工作为人类服务，为人类带来更多便利。例如通过形象的升级和互动性的提高，在陪伴孤寡老人、照顾心理亚健康患者等注重心理因素的场景中，服务型虚拟数字人将给我们带来更大的惊喜。

5.2　元宇宙发展趋势下，虚拟数字人乘风而起

元宇宙的发展推动了虚拟数字人的出圈。在元宇宙爆发之前，初音未来、洛天依等老牌虚拟偶像的影响力往往只存在于二次元领域，而乘着元宇宙的东风，不仅这些老牌虚拟偶像得以出圈，新的虚拟偶像也在不断产生。此外，除了虚拟偶像外，虚拟数字人还拥有了城市虚拟 IP、虚拟主播等更多身份。

5.2.1　强势出圈，虚拟偶像全方位发展

元宇宙时代，属于虚拟数字人的赛道已经开启，由二次元动漫文化衍生而来的虚拟偶像借助虚拟数字人的技术成功从 2D 平面屏幕中走到现实生活。虚拟偶

像强势出圈，实现了全方位发展。

提到虚拟偶像，大部分人想到的第一个名字是初音未来。初音未来诞生的契机是一款语音合成软件 VOCALOID。当时由于技术的局限，初音未来的形象十分粗糙，但仍然掀起了一股虚拟偶像的热潮。随着技术不断进步，以 AI 技术为核心的全新虚拟偶像以更逼真的外形、神态和更自然的声音、动作受到更多人的喜爱。

虚拟偶像是集元宇宙底层技术之大成者。例如，通过深度摄像机收集大量人的面部表情和动作数据，利用 AI 算法能够深度学习的功能训练虚拟偶像的表情和动作，使其瞳孔、嘴角等位置的细微变化符合现实人类的样子。如初音未来一样高质量的虚拟偶像需要经过成千上万次的训练才能够完美呈现媲美真人的表情变化。

虚拟偶像除了在传统的二次元领域发光发热，还在其他行业实现了成功破圈。例如屈臣氏推出的虚拟偶像代言人屈晨曦出现在各类市场活动与营销场景。屈晨曦作为屈臣氏的首个虚拟偶像代言人可以为不同的消费者提供针对性的选购建议和个性化的服务。屈晨曦的背后是屈臣氏的大数据库支持，大数据库将用户画像源源不断地更新给屈晨曦，使其能够第一时间获悉消费者的需求和喜好。因此，在美妆行业，虚拟偶像不仅是代言人，也兼顾了客服和导购的属性，虚拟偶像也是美妆行业数字化转型的重要一环。

虚拟偶像之所以能够实现全方位破圈，一方面是由于时代的发展，技术的进步，大众对于虚拟偶像的接受度越来越高，另一方面是因为虚拟偶像实际上是一张白纸，所呈现的内容完全是基于某行业、某品牌或某一领域固有用户喜好，更有利于累积用户流量。

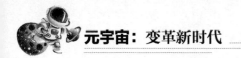

虚拟偶像在内容和周边产品方面都有很大的发展潜力，虚拟偶像的市场也不断涌入更多的新鲜血液，B 站仅 1 个月就有 4000 余名虚拟偶像主播开播。由此可见，虚拟偶像能够顺应时代潮流不断开发新的产业模式，在未来相当长的一段时间之内都有可能保持着良好的态势。

5.2.2 创新体验，城市虚拟 IP 开启文旅直播新纪元

对于文旅行业而言，利用城市虚拟 IP 进行文旅直播也是开辟文旅消费新方向、助力城市文旅发展的新举措。城市虚拟 IP 通常以拟人化的形象出现，即虚拟数字人。

城市虚拟 IP 文旅直播是为了拉动当地的经济而发起的新项目。它以 AI、CG、NLP 核心引擎为核心技术手段，选取城市或景区最有代表性的事物或人物，例如神话故事或知名人士，从中提炼经典角色作为城市的虚拟 IP 形象。在此基础之上，依托于 3D 建模、AR、VR、5G、动作捕捉等技术，通过线上移动终端或其他网络设备进行直播，可以直播卖货、景区导览，吸引粉丝流量，拉动城市文旅经济增长。

例如，知名旅游城市杭州就以当地神话故事中的白素贞为原型，设计了名为白素素的虚拟数字人作为城市虚拟 IP。白素素以白素贞为原型，结合杭州当地的西湖断桥、雷峰塔和灵隐寺等特色景点以及杭州的民俗风情，赋予其全新的人物定义。

在设定中，白素素是一位坚强、勇敢的年轻女性，她喜欢穿白色的长裙翩翩

起舞，喜欢在西湖上泛舟赏月，也喜欢开玩笑和品鉴美食。这些细节既符合老一辈人对白素贞的固有印象，又贴近了新时代年轻人的个性化特征。

在白素素首次直播当天，杭州市文旅局请来网络主播猫女林与其一同直播。白素素与猫女林通过对话活动的形式，利用全景拍摄和数字孪生、VR 等技术，在直播间内带领观众游览了杭州的风景，同时讲解了杭州特有的风土人情。

白素素不仅能与真人主播猫女林进行互动，还能够对粉丝的实时提问做出及时回应。依托于实时动作捕捉技术，白素素在直播间内的神态与肢体动作与真人无二。白素素可以随时移动，展现自己的舞蹈才艺，品尝杭州的美味佳肴，还可以与猫女林互动，向粉丝推荐杭州的特产，充分发挥了城市虚拟 IP 的价值与作用。

在文旅元宇宙的建设过程中，城市虚拟 IP 直播为传统文旅产业注入了新的活力，提供了新的方向。特别是直播带货的功能满足了年轻消费群体的新需求，催生出一批新的文旅行业岗位。像杭州白素素一样的虚拟数字人与真人主播联合直播带货的方式，未来将会在更多城市流行起来。

5.2.3　激活行业，虚拟主持人成为传媒新风尚

早在 2000 年，英国便推出了世界首位虚拟主持人安娜诺娃。此后，又有一部分国家相继推出了本国的虚拟主持人，虚拟主持人由此成为一种传媒新风尚。到了 2018 年，新华社正式推出了全球第 1 位 AI 虚拟主持人，虚拟主持人的发展由此迈上了新的台阶。2020 年，新华社又推出全球首位 3D 虚拟主持人，虚拟主持人正式走出演播室和屏幕，来到了现实世界。

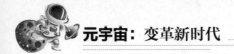

虚拟主持人主要具有以下 3 方面优势，如图 5-1 所示。

全天候待命，无需休息

掌握多语种，无需人工切换

自带粉丝流量

图 5-1　虚拟主持人的优势

（1）全天候待命，无需休息

虚拟主持人本质上依然是虚拟数字人。他们不需要休息，也无需进食、喝水来补充体力，虚拟化的特性赋予他们没有生理上限的优势。因此，虚拟主持人能够做到全天候不间断地工作，并且不会出现主持事故。

（2）掌握多语种，无需人工切换

虚拟主持人有语义识别、语义分析、语音翻译等功能支持，简而言之，只要在程序中加入某国语言词库，那么虚拟主持人就能够瞬间掌握这门语言并熟练运用。同时，其文字驱动和语音驱动两种模式能够满足不同场景的播报需求。例如科大讯飞旗下的 AI 多语种虚拟主持人小晴掌握了多国语言，原本需要由多位主持人参与播报的新闻，小晴一人就能够独自完成。

（3）自带粉丝流量

虚拟主持人作为传统行业与新兴技术的结合天生自带流量。很多人会出于好奇的原因每日跟进虚拟主持人的新闻节目，而虚拟主持人出色的主持水平和优越的外形也会吸引一大批粉丝。2000 年的安娜诺娃首次播报便吸引了上万名网民浏览她播报新闻的网页，而央视春晚中亮相的虚拟主持人更是吸引了一大批粉丝关注，其实物周边例如棉花娃娃、徽章等，销量颇佳。

但虚拟主持人在目前的阶段也存在一定的劣势。与真实主持人相比，虚拟主持人临时救场的能力不佳，对于稿件的表达水平也有待提高。此外，虚拟主持人的研发成本过高，应用场景也较为单一，只能在演播室或大型舞台中应用，不适用于更多的小型舞台，导致下沉推广困难。虚拟主持人距离其发展成熟还有很长的一段路要走。

5.3　凝聚目光，多企业强势进军

在虚拟数字人发展一片大好的趋势下，越来越多的企业开始从不同角度切入这一领域，力求抓住虚拟数字人发展的红利。其中，科大讯飞、百度、虎牙等企业都开展了积极的探索实践。

5.3.1　科大讯飞：推出解决方案，加速虚拟数字人应用

虚拟数字人是元宇宙的重要组成元素，各大互联网企业在进军元宇宙的基础上，在虚拟数字人赛道展开了新一轮竞争。虚拟数字人面对各行各业的不同需求

也存在着各种各样的缺点。例如，交互水平较低、交流方式机械化、无法分辨语气和语义歧义等。

科大讯飞作为知名互联网企业，为虚拟数字人赋能，使其更加智能化，满足行业需求。科大讯飞推出了一系列解决方案，希望能够优化虚拟数字人的功能，加速其应用。

科大讯飞推出的最新人机交互解决方案 AIUI，集成远场识别、语音合成、语义分析等多种技术，形成了有关虚拟数字人相关问题的一体化解决方案，从根源解决虚拟数字人交流水平低、语义分析不到位等情况。

科大讯飞在 AIUI 中主要进行了半监督优化、开放式对话和全链路打通 3 方面的功能迭代。

（1）半监督优化

半监督优化功能与用户画像类似，它通过对产品日志进行分析，使用聚类算法为用户推荐可能感兴趣的内容。还会收集用户反馈，使开发者能够及时改进产品功能。与其他产品的开发者的自动回复不同，半监督优化功能允许开发者使用自定义功能进行答疑回复，体现人性化、个性化的特点。

（2）开放式对话

在传统的人机语音交互功能中，中心化的特性虽然便于操控机器，但是交互程度很低。而开放式对话的功能能够最大程度地消除语义歧义，更接近于人类的日常对话。

（3）全链路打通

传统的人机语音交互在语音识别、语义分析、语音合成等环节中存在着一定隔阂，这导致在不同的场景应用中，机器与不同人的语音交互会存在交互时间差和语义歧义的问题。而 AIUI 将人机语音交互这一链路打通，基于场景动态词汇技术，有效提高机器在不同场景中的反应速度和对人类语言的理解能力。

除了以上的功能迭代之外，AIUI 还更新了许多自定义功能，例如，自定义对话、云函数、多人语音交互等，能够最大程度地解决人机语音交互过程中存在的问题。

5.3.2　百度：推出虚拟数字人平台"曦灵"

2021 年，百度推出了虚拟数字人平台"曦灵"，旨在降低虚拟数字人应用的门槛。百度智能云 AI 人机交互实验室的相关负责人表示，当前的虚拟数字人产业还存在着许多问题，例如，造价成本极高，一般企业难以承受、应用场景与研发功能的不适配、产业链环节之间的隔阂导致的割裂状态等。而"曦灵"作为虚拟数字人一体化平台，能够有效地解决这些问题。

"曦灵"的主要功能是帮助用户进行虚拟数字人的生产和内容创作，同时还能够优化虚拟数字人的已有功能，将这些功能集成在同一个平台中能够大大降低成本，提高其工作效率。

例如，用户想制作一个自己的虚拟数字人形象，只需要上传一张自己的照片，就能够在几分钟之内生成一个由 AI 驱动的 2D 虚拟数字人，在一两个小时之内就能够生成一个 AI 3D 虚拟数字人。除了上传照片，用户还可以使用语音描述、

自定义捏脸等功能制作虚拟数字人。"曦灵"内置"文本—形状跨模态面部表情合成"功能，能够 1:1 还原逼真的口型和表情，不管用户捏出的脸有多么夸张，其口型还原度都能够达到 98.5%以上。

目前，由"曦灵"制作和进行功能优化的虚拟数字人主要有两类，一是演艺型虚拟数字人，例如百度虚拟代言人希加加、AI 手语主播等；二是服务型数字人，例如智能员工、智能客服等。

经过多次版本优化，"曦灵"当前已具备多场景的快速交互能力，还增设了业务功能编排、内容创作、IP 孵化等多个功能版块，能够在未来实现全场景功能覆盖。

5.3.3　虎牙：聚焦虚拟偶像 IP，打造优质 IP 内容

在虚拟数字人的众多应用场景中，直播平台由于其高互动性、强流行性、时效依赖性等特点，成为最适合虚拟数字人应用的场景之一。头部直播平台虎牙率先发力，聚焦虚拟偶像 IP，力求打造优质 IP 内容，驱动直播经济持续高速发展。

虎牙与迷你世界联手推出了虎牙平台首位虚拟偶像"双马尾"。在虎牙周年庆典舞台上，"双马尾"与众多古风歌手同台互动，现场演唱了许多歌曲。其标准的发音、流利的台词和可爱的神态，让观众感叹好像真人一样。据统计，在活动当天，虎牙的周年庆典直播间人气峰值超过 112 万，其中很多观众都是为了一睹"双马尾"的风采而来。

虚拟偶像"双马尾"的设计灵感来源于虎牙曾经的"官博娘"原创 2D 形象，其"虎耳"外形与电竞少女人设吸引了众多粉丝。"双马尾"除了延续"官博娘"的特征，还使用灵活性更强的虚实加工引擎，使"双马尾"成为更逼真的 3D 虚

拟偶像，依托于 AR 技术实现其高互动性。同时借助肢体、表情捕捉驱动系统和虚拟现实渲染技术，能够使神态和动作更加贴近现实，形象更加逼真、清晰。

除了与迷你世界进行合作，虎牙还与百度贴吧、爱奇艺动漫、QQ 飞车等多个平台进行联名，联手 10 余个虚拟偶像组建全新的内容合作方阵，推出"电波偶像 X"虚拟偶像直播选秀节目。虎牙希望借此机会，能够在直播平台上为更多的年轻创作者和虚拟偶像作品提供展示自我的机会。

虎牙认为，依托于现有的直播平台，能够将虚拟偶像 IP 的内容价值发挥到最大。借助于虚拟偶像 IP 的影响力，能够吸引更多粉丝参与到直播活动中，将直播平台与粉丝圈层深度打通，促进直播经济与粉丝经济的良好循环。

第6章

元宇宙+数字资产：资产走向虚拟化

元宇宙会让人们生活的虚拟化愿景更快实现，这不仅表现为各种社会活动的虚拟化，也意味着经济活动的虚拟化。在未来，将有更多现实资产将转化为数字资产。同时，人们可以通过参与游戏、数字艺术品创作等创造更多的数字资产。

6.1　NFT：数字内容资产化的开端

在元宇宙中，人们的数字资产如何明确价值？人们将通过什么途径创造数字资产？这些都离不开 NFT 的帮助。依托 NFT，人们的数字身份、数字资产才能够得到更安全的保障，数字资产也得以在区块链中交易和流通。

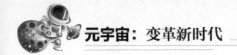

6.1.1　加密通证：为数字资产提供数字凭证

数字资产是用户拥有所有权、可交易的数字产品。例如，游戏中的道具属于游戏厂商，这是产权的归属。当玩家买下道具，道具就是玩家的私人装备且不可转让。但是，玩家可以将账号出售给他人，此时的道具就具备了资产属性。然而，这并不算严格意义上的数字资产，因为它无法做到全平台流通。

在元宇宙中，数字资产需要一个能够覆盖到更大范围、交易起来更为方便的数字化平台，可以为数字资产跨平台流通的同时提供严格的版权保护。

在现实世界中，人们通过货币进行实体资产交易，例如使用货币购买房产、车辆等。对于一般个体而言，房产等具有市场价值的实体资产，其本身承载的价值远远大于货币价值。但绝大多数资产的流动性很差，防伪成本较高。

而在元宇宙中，数字资产的流通性远远好于实体资产，而其防伪成本也远低于现实世界。这一切都得益于 NFT。

NFT 是一种非同质化代币，它遵循 ERC721 标准/协议发行，具有独一无二、不可分割、不可替代的特性。作为一种用来表征元宇宙世界中非货币资产价值的媒介，万物皆可 NFT。数字资产不再仅仅是虚拟货币，图片、音乐、游戏道具等数字内容都能够成为 NFT，大大提高了数字资产的交易性。

NFT 之所以能够成为数字资产的数字凭证，是因为其通过集成底层区块链技术，具备了区块链无法篡改、无法复制、不可分割的特性。以 NFT 游戏谜恋猫为例，A 用户拥有的蓝色猫咪价值 50 美元，B 拥有的彩色猫咪价值 100 美元，两只猫咪不能够彼此替代，而两只猫咪也不可以一分为二进行交易。每个 NFT 都拥有固定的信息，在区块链上不能被分割为更小的面额，这从根本上确保了 NFT 的不可替代性。

此外，通过建立公开可访问的智能合约，NFT 的所有权将永久保留在区块链当中。它的一系列权限都能够存储在中心化数据库之中，不会随着交易平台的消失而消失，而是永久性保留。基于此种特性，人们可以对 NFT 的所有权及元数据进行溯源，其资产内容和价值都可以得到公开性验证，能够从根源打击数字资产的假冒行径。

因此，NFT 能够作为转让数字资产的加密凭证，数字资产具有了独一无二的数字凭证，其价值与归属都受到法律的保护。NFT 的应用，既增强了数据资产交易、流通的效率，又能够有效解决数字资产的确权问题，降低防伪成本。

例如，2021 年 9 月，湖南省博物馆与蚂蚁链合作推出了共计 3 期的数字藏品展出和拍卖活动。两位知名艺术家以湖南省博物馆的实体文物为参照进行数字创作，在蚂蚁链上确权，生成数字凭证，以保证每一位用户购买所得都是独一无二的数字藏品。在保护版权的同时，又能让传统文化以崭新面貌在大众间传播，让普通人也能够拥有属于自己的数字藏品。

6.1.2　NFT 铸造：打通现实资产转化为数字资产的路径

当今时代是传统互联网与新兴元宇宙交汇的时代，现实资产与数字资产日趋融合。例如，网易云音乐已经将音乐产品通过 NFT 的形式售卖，每一位用户所

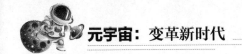

购买的 NFT 唱片都拥有其独一无二的数字编号。

随着 NFT 功能的不断完善与技术的不断发展，NFT 将逐渐打通现实资产和数字资产的转化路径，在数字内容资产化的基础上，实现资产数字化。

数字内容资产化，即图片、音乐等数字内容通过区块链技术的赋能，具有了独一无二的特性，能够作为数字资产在数字化平台上流通。例如，NFT 藏品、NFT 艺术品等都可以在数字化平台上交易。

而资产数字化是指现实资产能够在区块链上流通。如果房产、车辆等在现实世界中具有价值的实体资产都能够在区块链上进行交易，那么这意味着现实经济总量能够转移到虚拟的区块链上。

例如，在现实世界中展出画作，需要花费大量的时间和精力查明各个作品的出处及创作背景，其审查成本十分高昂。但是，当这些实体画作作为 NFT 上链之后，不仅能够省去诸多申报流程，还能够降低场地费、鉴定费等成本。成本降低，观展费用随之下降后，可能会有更多的普通人愿意为欣赏艺术品买单，也促进了文化的交流与传播。

除此之外，区块链技术也为现实资产定价问题提供了解决方案。创作者通过参考 NFT 画作的定价，能够对自己的实体画作给出合适的价格。

但实际上，资产数字化在很多领域存在着不小的挑战，尤其是在技术方面。资产数字化的意义在于能够实现现实资产在链上的确权、交易等通用场景和环节，而在这个过程中，第一个问题就是进行资产评估。例如，一套在现实世界中售价为 100 万元的房子，在区块链中价值多少、如何定价都是问题。

其次，实物资产与其对应数字资产如果分属两个人，那么其最终归属权究竟该如何确定？因为在一般情况下，NFT 只对应数字版权。在 2021 年，某位知名画家焚烧了自己的一幅画作，将其加密 NFT 以 40 万元的价格拍出，保证了购买者是这幅画作的唯一所有者。而在未来，随着技术与确权标准的不断完善，现实资产与数字资产或许能够同时存在。

通过 NFT 铸造，在短期来看，主要能够实现 NFT 藏品、艺术品等虚拟资产在区块链上的交易与确权，能够确保其稀有性和所有权。随着技术的发展，房产、车辆、股票、基金等传统资产也能够通过 NFT 铸造上链并实现数字化流通。以长远的目光来看，如果 NFT 能够结合预言机体系，将会极大地加快现实资产上链和数字化交易的进程，进一步完善价值互联网，实现人类经济总量数字化的远大目标。

现实资产向数字资产的转化一方面促进了现有的实体经济向更高层次发展，减少现实资产确权、交易等烦琐的环节，降低其成本；另一方面，资产数字化还能够促进新产业的诞生，带动相关产业岗位的就业，创造全新的经济模式。

另外，随着资产数字化的发展，以 NFT 收藏、游戏道具交易等为代表的新型消费产业规模不断扩大，不仅能够保障用户的经济利益，还满足了用户的精神文化需求，促进了当代经济的稳步回升。

6.2　NFT 渗透游戏与社交

当前，NFT 已经渗透到游戏、社交等多领域。NFT 可以在游戏中标注虚拟土地的价值、作为人们的社交工具，甚至当游戏道具成为 NFT 后，人们还可以

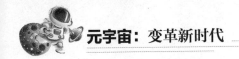

通过玩游戏获得收益。

6.2.1　游戏创新：NFT 游戏创造 Play to Earn 的游戏新模式

Play to earn（P2E，即边玩边赚）模式是当前游戏行业的一个重要转折点。它是基于区块链技术和 NFT 的一种新型商业模式，游戏玩家可以通过出售游戏道具或装备赚取利益。例如，网易游戏《阴阳师》《一梦江湖》等游戏中的玩家都可以通过出售游戏皮肤或道具赚钱。

随着元宇宙的兴起，NFT 游戏将这种传统的网络游戏商业模式进行了升级。NFT游戏是指以加密货币为资产的游戏，玩家能够通过玩游戏赚取游戏中的NFT作为奖励，例如游戏代币，可以在数字化平台中进行交易，获得利益。

与传统的网络游戏 P2E 模式相比，NFT 游戏创造了一种新的 P2E 模式。传统网络游戏玩家的游戏内数字资产交易只能局限在该款游戏中，而 NFT 游戏内的数字资产则可以在全平台流通。

实际上，P2E 模式是 F2P（Free to Pay）模式的进化版本。F2P 是指玩家可以免费玩游戏，但是若想获得更好的游戏体验，需要在游戏中花钱充值。而采用 P2E 模式的游戏，玩家在玩游戏之前可能需要先花钱充值、购买游戏内的必需品才可以玩。因为游戏的开发需要成本，玩家还可以在后续通过数字资产交易获取利益，所以玩家在前期投入一定成本有助于构建一个持续运转的经济模型。

NFT 游戏通过集成区块链技术使玩家获得游戏内数字资产的所有权，玩家还可以通过完成游戏任务使自己拥有的数字资产升值，而这些价值所带来的收入绝大部分都归玩家所有。这些具有价值的数字资产能够在区块链上进行确权，是属于玩家本人的加密资产。玩家通过玩游戏，带动游戏内经济的发展，不仅自己能够获得收益，也为游戏厂商和其他玩家带来了好处。因此，玩家和游戏厂商都认为 NFT 游戏创造了 Play to Earn 游戏新模式。

以 NFT 游戏 Axie Infinity 为例。玩家在玩游戏之前需要花费数百美元购买 3 只 Axies 才能进入游戏。而进入游戏后，玩家可以通过操控自己的 Axies 在冒险模式、自由模式中与其他玩家进行对抗，或者繁育独特的 Axies 品种。完成任务之后，玩家会获得相应的 Smooth Love Potions（SLP），即游戏内代币。Axies 和 SLP 都可以在平台上进行出售，它们的价格也会随着市场的波动而波动，例如当前 1 个 SLP 的交易价格不到 0.3 美元。

NFT 游戏所创造的 P2E 模式并非一个赚取快钱的模式，它需要玩家认真研究游戏战略，选择进入市场的时机，否则不一定会获得收益，甚至有可能亏损。这与现实生活中的经济模式十分相像，NFT 游戏市场内同样存在着风险。

6.2.2　社交创新：NFT 搭建新型社交网络

传统的网络社交中，用户可以通过使用微博、抖音、微信等社交软件与他人进行社交，如果将每位用户都看作一个点，那么用户之间的彼此联系就由点连成了线，进而构成了一张社交网络。但是，这些网络仅仅局限在用户当前所用的社交媒体之中，例如用户在微信中的社交媒体网络很难完整迁移到抖音。

而 NFT 社交作为一种去中心化社交的模式，能够以一种更便捷的方式建立起新的社交网络，并且还可以从中获益。

例如，知名乐队 KingsofLeon 发行的世界上第一张 NFT 专辑，一经上市，

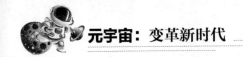

就被支持者一抢而空。每位购买 NFT 专辑的支持者都将会获得一张限量黑胶唱片和动画专辑封面。当一级市场的 NFT 专辑卖完，这些 NFT 专辑持有者就能够在二级市场进行交易获得收益。

乐队会获得二级市场交易额中一定比例的版税，以后的每一次销售也是如此。在传统的实体专辑销售中，乐队不会获得支持者私下交易的任何版税。而 NFT 的出现能够让原创者和其支持者都获得收益，在无形之间建立起了一张社交网络。原创者可以通过这种社交 NFT 将自己的创作不断资产化、货币化，还可以与其支持者建立起更深的联系。例如通过区块链技术，原创者可以很快地确认拥有其 NFT 专辑的支持者，与这些支持者建立更深的联系，例如为其提供下次专辑的折扣或送上生日祝福等。

NFT 社交网络实际上是一种价值网络，它在不仅可以打造更高价值的社交资本，在效用性和娱乐性方面也要远远优于传统社交网络。

以 CryptoPunk（加密朋克）的头像为例。如果用户将这系列中的某张头像应用到自己的社交网络，这就是一种无形的社交资本。因为该系列的头像价格不菲，最昂贵的一个头像曾经以 700 多万美元的价格被拍出，使用它们意味着用户要么是早期玩家，要么很有经济实力，或者二者兼备。有人购买豪华庄园，有人购买昂贵的 CryptoPunk 头像，这实际上都是一种展示自身社交资本的方式，只不过豪华庄园不便于公开展示，而 CryptoPunk 头像则更容易做到这一点。

Axie Infinity 为很多人提供了就业机会。许多人从事 NFT 市场中的价值波动分析、游戏攻略等工作，这体现了其效用性。而在娱乐性方面，很多人已经开始以 CryptoPunk 等为原型塑造游戏角色。

NFT 社交网络作为新型社交网络，具备天然的可迁移性。通过区块链技术赋予 NFT 的社交资本，在平台上能够建立起自己的社交地位。无论这些平台是否会出现风险甚至停止运行，基于区块链上数据永久保存的特性，用户可以始终保持自己的社交地位。虽然目前 NFT 社交网络还处于早期发展阶段，但是 NFT 与生俱来的社交资本、娱乐性、应用性等属性，注定会让它成为未来的超级新型社交网络。

6.3　NFT 交易平台火热，交易额不断走高

2021 年 8 月以来，全球范围内的 NFT 市场持续火热。在国际市场上，NFT 交易平台的交易价格及交易额持续上涨，入局的艺术家、收藏家等越来越多。而在国内，NFT 艺术品交易平台增长也势头强劲，越来越多人开始认识并接受这种非传统的交易模式。

6.3.1　国外市场：数字艺术品交易发展，推动 NFT 交易平台破圈

普通的艺术品的承载体往往是纸张、泥土、石头等实物，这就导致这些艺术品很容易被人复制和盗版。而艺术品的价值很大一部分来自它的独一无二性，当市面上流通的都是某件艺术品的盗版，该件艺术品的价值也会大打折扣。没有人愿意承担购买盗版的风险。

而 NFT 具有不可分割、不可替代、不可复制的特点，可以成为数字资产的加密凭证。对于艺术品来说，这是绝佳的根治盗版乱象的方法，而且 NFT 更加便于携带和展示。这也是为什么在 NFT 交易平台上，数字艺术品大受欢迎。

在国外市场，影响力最大的数字艺术品莫过于艺术家 Beeple 的作品《每一天：最初的 5000 天（Everydays：The First 5000 Day)》。这幅作品于 2007 年 5 月 1 日开始创作，每一天 Beeple 每天都会创作并上传一张新的数字绘画作品，5000 天以后，Beeple 将 5000 张作品拼接成一幅绘画作品。最终，这幅作品以 6934 万美元的惊天价格拍卖成功。这次拍卖的成功，让普通人真正意识到了数字艺术品的价值，由此推动了 NFT 艺术品交易平台的破圈。

目前国外市场上活跃着很多 NFT 艺术品交易平台，例如 Opensea、Nifty Gateway、SuperRar 等。

SuperRar 是一个专注于数字艺术市场的平台，全球近 700 位艺术家在该平台上拥有账号并进行专属创作。SuperRar 最突出的优势在于每一幅数字艺术品的创作时间、拍卖经历等历史过程都可以在分布式账本上溯源，因此在该平台上流通的数字艺术品都是独一无二的正品，没有人能够造假。相较于 Opensea 的低门槛导致的作品良莠不齐，SuperRar 提供的数字艺术品质量都可以得到保证。

相较于 SuperRar 专注于单一数字艺术品市场，Nifty Gateway 是一个更为大胆、更为创新的数字艺术品交易平台。它不仅交易普通的艺术品，例如画作、雕塑等，还会与社会各界知名人士合作，例如运动员、主持人等，实现跨界数字艺术品创作。此外，Nifty Gateway 还会与知名品牌合作，共同推出艺术品周边。很多年轻人都喜欢使用 Nifty Gateway 作为寻找限量版 NFT 的平台。不仅如此，为了更好地开拓国际市场，Nifty Gateway 只需要电子邮件地址即可注册。同时，它还推出了可以让以太坊用户与信用卡用户实现相同交互速度的功能，用户支付完成后的几秒内即可接收到所购买的数字艺术品。

6.3.2　国内市场：发售平台增长势头强劲

由于国外在区块链技术的应用及知识的普及方面起步比较早，相比于国外市场大众对于数字艺术品的高接受度，国内的艺术家及收藏的玩家对于数字艺术品了解并不多。国内数字艺术品市场处于刚刚起步的阶段，但是其发展空间也较大。随着 NFT 的普及，数字艺术品销售额增长势头强劲。

有人认为，数字艺术品是实物艺术品在虚拟空间的延伸。在虚拟空间，数字艺术品的形式能够更加多样，艺术品也能够在创作空间中获得新生。然而也有人认为数字艺术品是一场骗局，其流通性弱，藏家难以出手。在后续的实践中，数字化艺术品交易被证实为一种前景光明的新型商业模式。国内很多小众艺术家及藏家纷纷入局小试身手，也获得了一定的成绩。例如，2022 年，某加密艺术家的 NFT 画作在中国嘉德拍卖行卖出，获利共计 66 万余元。

目前国内主流的数字艺术品交易平台主要有阿里拍卖、蚂蚁链、腾讯幻核和 Umx.art 等。

Umx.art 在 2021 年邀请了部分画家举办了一场小型拍卖会。某成都画家受邀在该平台将自己的三幅 NFT 画作拍卖，共获得利润 7 万余元。据 Umx.art 的相关负责人介绍，Umx.art 是首个面向国内市场开展业务的 NFT 交易平台。而 Umx.art 与国外 NFT 交易平台的最大区别在于 Umx.art 负责对上链的艺术家及其作品进行真伪鉴定，避免有人冒充艺术家本人身份或上传盗版数字艺术品导致版

权问题的发生。除此之外，Umx.art 还会对一些小众艺术家进行采访和宣传，能够让更多的人了解艺术市场现状。

而除了这些小众艺术作品能够在 NFT 市场中进行交易，很多博物馆中的珍贵艺术品同样能够在 NFT 平台中上链交易。很多博物馆出于种种原因，会在展示中使用高仿实物展品。而数字艺术品是对原作实物 1：1 的扫描还原，藏家能够承担原作数字艺术品的价格，并获得与之对应的数字艺术品所有权凭证。

数字艺术品国内市场的销售额快速增长，得益于区块链技术所带来的种种特性，可以溯源原作历史、保证原作正版和数字稀缺性，还能够创新知识产权结构，明晰版权界限。而且基于智能合约与代币的应用，艺术家和收藏家有了更多的投资机会和选择。

第7章

元宇宙+游戏：企业征战新高地

> 　　游戏与元宇宙拥有诸多契合，它们能够为玩家提供多样的虚拟身份和丰富的虚拟场景。同时，元宇宙描绘的蓝图也为游戏开发商指明了方向。因此，现在不仅游戏大厂将元宇宙看作未来游戏的发展趋势，更有一些互联网巨头将入局元宇宙的切入点瞄向了游戏领域。

7.1　元宇宙成为游戏发展新方向

　　元宇宙推动了游戏领域的发展。当前，游戏带给玩家的沉浸式体验、娱乐体验等都还有较大的进步空间，而元宇宙游戏则能够带给玩家身临其境的感受，支持玩家在虚拟世界中自由探索、创造、社交等，从而实现游戏体验的升级。

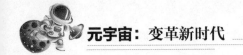

7.1.1　打破游戏空间限制，实现游戏空间持续拓展

2022 年，元宇宙迅猛发展，完美地向广大民众呈现了一个与现实世界平行的虚拟世界。在元宇宙的影响下，以游戏为代表的诸多场景，如医疗、教育、社交等的空间限制被打破，人与人之间的距离也被迅速拉近，从而为整个世界带来了更广阔的想象空间。

在游戏领域，元宇宙作为新一代技术集合体，正在打破虚拟世界与现实世界之间的壁垒，实现了从"在线"到"在场"的转变。可以说，元宇宙为玩家创造的"临场感"，是游戏开发商应该高度重视的技术发展趋势，更是"数实融合"时代游戏开发商的升级之道。

三七互娱是元宇宙游戏领域的佼佼者。2022 年 4 月，其打造的元宇宙游戏艺术馆在元宇宙艺术社区 Meta 彼岸正式上线。这个元宇宙游戏艺术馆位于 Meta 彼岸的中心地段，玩家可以在馆内建立自己的虚拟形象，并通过虚拟形象与其他玩家进行语音交流等互动。

通过元宇宙游戏艺术馆，三七互娱打破了地域、时间和空间的限制，为玩家提供自建和装修艺术空间等服务，以新潮、有趣的方式让用户获得沉浸式体验。玩家可以在馆内四处观赏，当他们走近游戏角色时，原本静止的游戏角色会释放技能，让玩家享受极致的画面感。

值得注意的是，玩家需要佩戴 VR 眼镜才能进入元宇宙游戏艺术馆，他们会产生更强烈的代入感。对于他们来说，游戏角色似乎是触手可及的，与游戏角色相匹配的场景、动作也非常真实，整个游戏过程都充满着一种非常奇妙的身临其境之感。

此外，Meta 彼岸还帮助元宇宙游戏艺术馆打造了一个公共空间，玩家可以将自己的艺术品转变为数字藏品，其他玩家则可以通过购买、拍卖、拆盲盒等方式获得这些数字藏品。当然，三七互娱也将部分数字藏品授权给 Meta 彼岸，确保 Meta 彼岸可以对其进行销售。

目前三七互娱还在进一步升级元宇宙游戏艺术馆。例如，对元宇宙游戏艺术馆的外部形态、展览内容等进行优化，为用户提供更好的游戏体验。在游戏 IP 创作、数字藏品发行等方面，三七互娱也没有松懈，希望可以打造出一个真正有元宇宙特色的游戏艺术馆。

7.1.2 打破交互局限，沉浸式交互提升游戏体验

在感官层面，元宇宙游戏可以打破交互局限，为玩家营造沉浸式交互体验，这得益于与元宇宙息息相关的 VR、AR、物理引擎等先进技术的支持。借助一些先进技术，元宇宙游戏可以更充分地调动玩家的五感，让玩家享受身临其境的代入感以及更真实的交互效果。

2022 年 1 月，中青宝推出了元宇宙游戏《酿酒大师》，这是一款以经营酒厂为主要任务的养成类游戏。在游戏中，玩家可以尝试"穿越"的感觉——游戏会以百年前的中国为场景，为玩家模拟酿酒流程，让玩家参与酒厂的生产工作。

此外，《酿酒大师》还为玩家准备了工会，玩家可以建立虚拟身份，通过虚拟身份申请加入工会。情侣玩家甚至可以在游戏中的"婚姻登记处"向自己的另

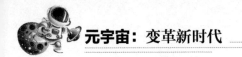
一半求婚，并邀请好友共同见证。值得注意的是，该游戏还加入了一些比较特别的功能，如房产管理、摆摊交易等。

在元宇宙浪潮下，以《酿酒大师》为代表的一系列元宇宙游戏不断涌现。这意味着元宇宙与游戏之间的融合已经初具规模，未来还会衍生出更新、更成熟的发展模式。

在融合过程中，游戏开发商可以借助元宇宙将非游戏活动加到游戏中，让社交嘉年华、虚拟音乐会、虚拟电影、虚拟商店等在游戏中越来越常见。这样可以使游戏形态变得更丰富，也有利于推动元宇宙游戏尽快实现商业化，从而为整个游戏领域带来巨大盈利机会。

更重要的是，社交嘉年华、虚拟音乐会等非游戏活动也赋予了游戏社交属性，这种社交属性对于非游戏玩家来说具备十足的吸引力。由此可见，元宇宙有能力扩大游戏的受众面，帮助游戏演变成为一项受欢迎的全民活动。

7.1.3 打破内容生产局限，玩家可自由创作

元宇宙与游戏融合，一个非常显著的变化发生在玩家与游戏的关系上。具体来说，在普通游戏中，游戏的内容生产是由游戏开发商负责，而且内容所有权也属于游戏开发商。但在元宇宙游戏中，因为元宇宙与区块链、人工智能等技术息息相关，而且其本身带有一定的虚实共生性，所以内容生产者和玩家其实是可以共生的，游戏也更趋向于平台化。

游戏开发商代码乾坤曾经自主研发了一个游戏创作平台，名为"重启世界"。该平台融入了物理引擎技术，主要由两部分组成，分别是创造平台和年轻人社交平台。这两个平台都具有比较高的自由度和参与度，很受玩家的喜爱。

与 Roblox 相似，代码乾坤为玩家提供开发游戏的编辑器，这样就可以极大地降低玩家开发游戏的门槛。代码乾坤提供的数据显示，玩家只需要花费 6 小时，就可以学会如何使用平台上的功能，而开发一款比较简单的游戏通常只需要 2 天。

在元宇宙时代，Roblox、代码乾坤等游戏开发商将生产内容的权利转交给玩家，为玩家制定相应的规则并提供无代码工具。玩家则可以充分发挥想象力和创造力，根据自己的喜好开发游戏。久而久之，玩家将成为真正的内容生产者，生产出大量优质、有吸引力的游戏。

7.2　发展趋势：游戏中融入更多元宇宙元素

在元宇宙的不断影响下，游戏的发展迎来了新趋势——去中心化。相比传统的中心化游戏，去中心化游戏展现了与元宇宙的更多契合性。一些中心化游戏也在积极探索，希望可以建立游戏世界与现实世界的更多连接。

7.2.1　形态转变，中心化游戏向着去中心化转变

元宇宙自从出现以来，似乎就和区块链有着千丝万缕的联系，与此同时，去中心化的话题也变得越来越受关注。之前有去中心化金融、去中心化社会，现在已经衍生出去中心化游戏。去中心化游戏为游戏领域开辟了一个全新的世界。

虽然目前去中心化游戏还是一个比较抽象的想法，但其对游戏领域产生的影响却是非常深刻的。在这方面，基于元宇宙、区块链等技术打造的去中心化游戏资产交易平台 PlanckX 就是一个很有代表性的案例。

PlanckX 建立了多个以立方体形式存在的三维空间，每个三维空间都可以承载一个虚拟世界。在这些虚拟世界中，玩家不需要担心游戏资产所有权归属不明确等问题——PlanckX 是一个中心化平台，可以打破分发平台的垄断，避免出现不公平的收入分成协议。

在区块链的助力下，玩家付出的时间和精力被货币化，PlanckX 本身具有的经济体系更是可以让玩家和游戏开发商实现真正的互利共赢。可以说，PlanckX 在玩家和游戏开发商之间打造了一个可以自由连接的空间，在这个空间里，他们将享受到极致的去中心化服务。

PlanckX 的目标是建立一个开放、去中心化的元宇宙世界，将传统的负责游戏分发的中心化平台剔除。要实现这个目标，经济体系是非常重要的。一个优秀的经济体系不仅要保护各方的利益，还要维持经济生态的平衡。PlanckX 的经济体系主要有以下 3 个关键点：

（1）重视私有通证，保证其价值是不断提升的；

（2）完善交易流程，打造经济生态闭环；

（3）成立去中心化的自治组织，更好地平衡个体利益和集体利益。

传统游戏领域面临分发成本高等问题，PlanckX 借助去中心化的经济体系，为该问题提供了一个不错的"元宇宙+区块链"解决方案。PlanckX 发行游戏资产，将游戏资产所有权转交给玩家，也允许游戏开发商利用游戏资产盈利。这样玩家和游戏开发商就可以直接从 PlanckX 中获取收益，不再需要第三方在中间协助。

综合地看，PlanckX 是一个透明、公开、所有权共享的去中心化平台。面对迅猛发展的元宇宙市场，PlanckX 立志成为现实世界与虚拟世界的流量入口，同时希望可以和优秀的玩家、游戏开发商一起，建立一个没有第三方的元宇宙游戏世界。

7.2.2 社交探索，搭建游戏社交脉络

在玩元宇宙游戏前，玩家通常需要注册一个虚拟角色，之后的整个游戏过程都以这个虚拟角色为基础。相应地，在使用社交产品前，玩家同样需要注册虚拟角色。游戏和社交都离不开虚拟角色，二者在这一点上是共通的。

鉴于游戏和社交之间的关联性，很多企业都在积极探索"社交+游戏"模式，希望可以搭建游戏社交脉络。例如，实时互动云服务商声网（Agora）打造了互动游戏解决方案，在游戏中融入社交功能。这样不仅可以让玩家在游戏中获得很强的参与感，还可以解决游戏开发商变现难的问题，从而使玩家和游戏开发商都"赢在起跑线上"。

目前声网的互动游戏解决方案有以下 3 种非常不错的玩法。

（1）游戏 PK。主播在虚拟世界中发起游戏 PK，带领已经建立了虚拟角色的玩家与其他主播进行对战。玩家可以在游戏过程中为自己心仪的主播助力，影响 PK 结果。

（2）多人游戏同玩。主播在虚拟世界中创建同玩游戏，玩家可以加入其中，与主播一起游戏，并和主播进行音视频连麦互动，进一步提高玩家的留存率。

（3）1对1游戏，即由私密聊天的双方发起的游戏，比较适合1对1互动等场景。

声网开发的互动游戏解决方案与很多社交场景都很匹配，玩家可以实现"即开即玩"。目前声网乘着元宇宙的"东风"，积极打造互动类游戏，并和元气互娱、忽然科技、执象科技等合作，携手推出一系列游戏，包括《王国激战》《碰碰我最强》《PopStar!》等。

未来，元宇宙还会不断发展，声网将和更多游戏开发商合作，积累丰富的游戏资源，打造更多基于"社交+游戏"模式的新玩法，从而进一步完善整个游戏生态。

7.3 元宇宙成为游戏公司必争之地

元宇宙深刻影响着游戏领域的未来发展，这自然吸引了诸多游戏开发商的关注。很多游戏开发商开始在元宇宙游戏方面积极布局，其中一些已经描绘出了元宇宙游戏的雏形。

7.3.1　加入元宇宙元素，布局元宇宙游戏

游戏被看作是元宇宙产品的"试验田"。2022年，很多游戏开发商都致力于打造"元宇宙+游戏"模式，并在元宇宙游戏领域积极布局。例如，老牌游戏开发商网龙制定了元宇宙战略，在2022年下半年推出自主开发的区块链元宇宙游戏（内测版）。

与网龙相似，微软宣布以687亿美元的价格收购曾经推出过《魔兽世界》《暗黑破坏神》《炉石传说》《守望先锋》等游戏的开发商动视暴雪。对于微软来说，此次收购将推动其元宇宙战略的落地，同时也会在吸引和留存用户方面发挥关键作用。

巨人网络也公开表示将元宇宙纳入企业发展战略，甚至为多款产品注册了元宇宙商标。因为元宇宙正处于起步阶段，商业模式还不是那么清晰，很多发展要素也尚未成熟，所以巨人网络强调自己不会盲目布局，更不会跟风投资和炒作。

除了网龙、微软、巨人网络以外，腾讯、网易、字节跳动、中青宝等行业巨头也积极布局元宇宙游戏，争相申请元宇宙商标，并组建技术团队探索元宇宙奥秘。在这些行业巨头的带领下，元宇宙在游戏领域的商业化进程会不断加快，形成两者相辅相成的局面。

上述提到的企业大多以"在真实世界外创造一个虚拟世界"为工作重心，但随着元宇宙的逐渐发展，这种做法便不再适用。未来，想布局元宇宙游戏的企业应该将时间和精力放在为真实世界做补充上，从而激发元宇宙游戏的叠加效应，

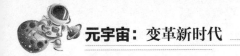

使其应用于更多场景。

7.3.2　聚焦 IP，打造元宇宙游戏新世界

现在是知识经济时代，IP 的地位不断攀升，尤其当元宇宙火爆起来后，这种情况就越来越明显。因此，如何围绕 IP 打造一个全新的元宇宙游戏世界便成为各大游戏开发商应该高度关注的问题。在这方面，上海骏梦网络科技有限公司（简称骏梦游戏）做得非常不错。

骏梦游戏与九凤科技合作，获得了 IP《古剑奇谭三》的游戏改编授权。这意味着，骏梦游戏正式进军元宇宙。

其实骏梦游戏与九凤科技为双方的合作做足了准备。骏梦游戏发展多年，积累了非常雄厚的游戏开发实力，也有十分优秀的技术团队和运营团队；而九凤科技则掌握了大量 IP 资源，在创意设计、内容管理等方面优势十分突出。二者在战略眼光一致的情况下可以取长补短，推动彼此向元宇宙领域不断进发，确保自己可以在竞争激烈的市场中"站稳脚跟"。

随着元宇宙的不断发展，骏梦游戏与九凤科技携手推出的《古剑奇谭三》VR 版游戏有望成为一款极受欢迎的仙侠类元宇宙游戏。该游戏具备很强的元宇宙游戏特色，如虚拟身份、沉浸式体验、强社交性、经济系统等。喜欢仙侠类 IP 的玩家可以借助手机、VR 设备等在游戏中玩耍，借助自己创建和经营的虚拟角色体验游戏，极大地满足自己对元宇宙游戏的想象。

此外，《古剑奇谭三》VR 版游戏也凭借极具古风且不失华丽的画面、流畅的 ARP（Action Role Playing，即动作角色扮演）玩法、创新的形式获得了很多玩家的好评，可谓是我国一款非常有价值的元宇宙游戏。而且，《古剑奇谭三》作为极具影响力的 IP，有雄厚的受众基础，曾经先后获得多个奖项，如"中国创意产业年度大奖""音像电子网络出版物奖"等。

得益于在游戏领域的多年深耕，骏梦游戏对 IP 的理解越来越深入，希望可以将 IP 和游戏融合在一起，这也是其积极与九凤科技合作的重要原因。当元宇宙火爆起来时，骏梦游戏又制定了"精品游戏+高知名度 IP"战略，不断增强自己打造元宇宙游戏的能力。

在这种情况下，《古剑奇谭三》VR 版游戏正式上线，获得了巨大成功，甚至走向海外，成为古风文化输出的代表。特别是在已经到来的元宇宙浪潮下，《古剑奇谭三》VR 版游戏更是进一步释放了 IP 的价值，其影响力也会随着玩家对元宇宙的持续关注而不断提升。

从短期来看，《古剑奇谭三》VR 版游戏可以提升骏梦游戏与九凤科技在市场上的影响力，帮助其抢占发展前景广阔的仙侠市场和元宇宙赛道。从长期来看，《古剑奇谭三》VR 版游戏还可以激发玩家对元宇宙的想象，推动元宇宙发展得越来越成熟。

第8章

元宇宙+社交：引领社交新变革

元宇宙与社交的结合将会深刻影响当前的社交方式和社交场景。在沉浸式虚拟场景中，人们能够获得自由、真实的社交体验，甚至可以在虚拟世界中体验复杂多样的社交场景。当前，许多社交软件已经能够带给人们一种元宇宙社交体验。未来，在各互联网行业佼佼者的努力下，元宇宙+社交终将走向成熟。

8.1 社交 4.0：元宇宙成为社交新场景

技术的发展是推动社交变革的源动力。在经历过 2G、3G、4G 的技术变革后，社交形式也经历了从文字到图片，再到短视频和直播的时代。在元宇宙发展、新旧技术交替的当下，社交形式将迎来新的变革。

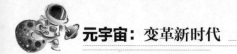

8.1.1　打破社交屏障，实现更自由的社交

在元宇宙还没有被大众关注时，社交领域已经在技术升级的影响下不断迭代。当时很多年轻人都对社交有或多或少的抗拒，甚至出现了"社交恐惧症"。元宇宙的出现则改善了这种现象。借助元宇宙，人们可以在虚拟展会、虚拟聚会、虚拟社群等场景中进行更自由、轻松的社交。

元宇宙带来的虚实结合的社交打破了社交屏障，很受特立独行、追求潮流的年轻人的青睐。当然，这些年轻人也成为元宇宙社交的忠实粉丝。与传统社交相比，元宇宙社交似乎更符合时代潮流，其具备的可视化、强互动性、沉浸式等特征也可以迅速拉近人们之间的距离。

现在微信、QQ 是比较受欢迎的即时通信社交产品，而元宇宙社交通常更追求虚拟场景，即人们可以在虚拟平台上通过文字、图片、视频、音频等进行沟通，还可以共享时空，让沟通变得更加丰富多彩。

很多专家都认为，元宇宙社交在构建一个完整、立体的社交生态。在这个社交生态中，人们可以找到与自己志同道合的朋友，大家携手打造一个只属于自己的虚拟"小天地"。例如，虚拟社交平台闲侣就让人们通过兴趣相同的标签来建立联系，形成真正意义上的"好友"关系。这种极具创新性的做法可以让人们在更短的时间内找到适合自己的朋友。

此外，闲侣还为人们提供了一个虚拟世界，里面有酒馆、小说、音乐、电影等。在虚拟世界中，人们可以充分发挥想象力，为自己建立一个与众不同的个性化形象。有了个性化形象，人们就可以通过这个形象与他人进行互动。即使是在虚拟世界中，人们也可以真实地感受到对方的喜怒哀乐。对于广大年轻人来说，这无疑是非常不错的社交体验。

未来20年，市场上会出现越来越多像闲侣这样的元宇宙社交产品，它们对社交活动、沟通方式、互动玩法等产生深刻影响。想入局元宇宙社交的企业应该以底层技术为切入点进行创新，坚持不懈地开发产品，以便在激烈的市场竞争中获得话语权。

8.1.2　更新社交模式，带来多元化社交体验

在元宇宙世界中，你可以认识各种各样的人，也可以从中找到与自己三观契合的朋友，甚至可以找到值得相伴一生的伴侣等。对于缺少社交经验的人来说，这是很有吸引力的。

也正是因为"元宇宙+社交"的发展，很多企业都开始关注 VR、人工智能等技术，希望借助这些技术让人们与远方的朋友、伴侣保持联系。更惊奇的是，融合了这些技术的元宇宙还可以让已经去世的亲人重新出现在人们面前，与人们共度一段美好时光。

新时代的人们，尤其是年轻人非常重视社交活动，他们每天可能要与很多朋友联系，这就要求社交服务必须更具规模化。元宇宙社交可以为人们提供一个能随时待命，而且极具拟人性、自动化、效率化的虚拟伙伴，在聊天过程中，虚拟伙伴可以发挥很大作用。

例如，在人们工作繁忙时，虚拟伙伴可以帮助人们识别是客户还是亲人、朋友发来的消息，并根据具体情况帮助人们自动回复。通过人工智能、大数据、深度学习等技术，虚拟伙伴还可以分析对方想表达的意思，并给出合适的回复。这样人们就可以有更多时间和精力去做自己的事。

在现实世界中，大多数人可能很难脱离自己固有的社交圈去建立一个全新的社交圈。随着元宇宙与社交的不断融合，人们可以轻松地在虚拟世界中接触到各种各样的人，以一种更高效的社交模式与他们沟通，从而扩大自己的社交圈，进一步提升社交能力。

总之，对于社交圈窄、不懂社交的人们来说，元宇宙社交可谓是"一剂良药"。

8.2 加深探索，新型社交产品不断出现

在元宇宙社交领域，当前已经出现了一些不同于以往的元宇宙社交产品。社交平台 Kakao 推进元宇宙战略，生产更多内容；"年轻人的社交元宇宙" Soul 搭建了社交元宇宙的雏形；崽崽 Zepeto 打造了 Z 世代的快乐星球，为 Z 世代提供沉浸式社交体验。

8.2.1 社交平台 Kakao 推进元宇宙战略，生产更多内容

2022 年 6 月，社交平台 Kakao 宣布开放链接功能，这是其推进元宇宙战略

的重要一步。Kakao 是韩国规模最大的上市企业之一，目前市值已经超过 400 亿美元。在韩国，很多人在使用 Kakao 旗下的即时通信产品 KakaoTalk 和电子钱包 Kakao Pay。

Kakao 已经发展多年，积累了丰富的资源，具备先天优势。在元宇宙当红之际，Kakao 宣布投入 10 亿美元进行元宇宙研究，同时利用这笔钱投资和奖励高潜力元宇宙项目。此外，Kakao 还拥有很多高素质人才，其中不乏出身于火币、育碧、三星等知名企业的人才。

在元宇宙方面，Kakao 的愿景是从社交领域布局，逐步将 KakaoTalk 升级为一个可以让人们交到知己的虚拟平台。Kakao 曾经公开强调，KakaoTalk 自带的消息传递功能暂时不会有很大变化，未来 Kakao 旗下的附属公司也会将自己的业务和产品与 KakaoTalk 相连，从而打造一个更立体、现代化的元宇宙社交生态。

为了更好地完善元宇宙社交生态，Kakao 旗下的子公司 Kakao Brain 致力于开发智能软件，包括交互式 3-D 字符生成器、会话 App 等。在 Kakao Brain 的助力下，KakaoTalk 不再只是一个聊天工具，而是一个加入了非目的性交流要素，可以让人们享受到社交乐趣的现代化产品。

2022 年下半年，Kakao 确认优化了 KakaoTalk 的简历功能，帮助人们展现一个真实、更有吸引力的自己。此外，Kakao 还计划为 KakaoTalk 增加一些比较有趣的功能，如朋友标签、对话标签、情侣打分、自定义角色、宠物头像装饰等，以便让人们更愿意与他人进行社交。

Kakao 甚至可以成为内容创作者的福音，帮助内容创作者盈利。具体来说，Kakao 自带广告宣传、会员订阅、在线打赏、电子商务等功能，这些功能都可以成为内容创作者的收入来源。例如，内容创作者可以在自己的文章、视频中加入

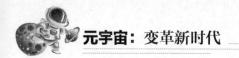

广告，来赚取相应的广告费用。

　　未来，Kakao 将打造一个元宇宙社交共同体，不断扩大业务范围，整合内外部资源以实现虚拟世界与现实世界的融合。Kakao 还计划推出一种新业务，这种业务不仅可以让人们都创作属于自己的虚拟角色，还可以让人们像朋友一样与这个虚拟角色对话。

　　Kakao 是元宇宙社交领域的代表性企业，其目标是，将世界上所有需要社交的人相连。相信在不久的将来，Kakao 就会实现这个目标。

8.2.2　聚焦共建体系，Soul 探索新发展

　　从目前的情况来看，元宇宙虽然不像 2021 年那么火爆，但各大企业在元宇宙领域的布局并未停歇：Google 推出连接虚拟世界和现实世界的 AR 设备、苹果公司发布头戴智能设备等。而在我国，同样也出现了以 Soul 为首的"元宇宙+社交"经典案例。

　　《2020 年—2021 年元宇宙发展研究报告》中强调了社交在元宇宙生态中的价值，而 Soul 作为我国最早布局元宇宙社交的产品，其创始人张璐一直以共建为原则，希望可以通过 Soul 来解决人与人之间的社交问题。2022 年，Soul 不断发展，升级为一个去中心化的产品，在虚拟形象立体化、双方沟通智能化、社交体验游戏化等方面显现出了明显的优势。

　　在 Soul 这个高度开放的虚拟世界中，人们可以充分发挥自己的才华，创造与众不同的新玩法，建立一个个性化的社交生态。此外，人们也可以表达自我，根据实际情况建立虚拟化身，找到志同道合的知己，并基于兴趣图谱体验沉浸式

社交。

当然，Soul 也会与大家一起努力，携手共建社交生态。为了进一步激发人们共建社交生态的积极性，Soul 还开启了 SSR（Soul Super Real，优秀内容创作者的统称）认证，认证标准包括内容消费、粉丝增长速度、粉丝黏性等。这样不仅可以挖掘出更多热爱生活、敢于发声、创作能力强的优秀内容创作者，也可以引导正向价值观。

目前 SSR 认证有三种方式：自主申请、官方邀请、平台外引入。完成 SSR 认证后，Soul 会为优秀内容创作者提供相应的权益和奖励，如专属运营、品牌和商务合作机会等，以便更好地提升其创作热情。

值得注意的是，在共建体系中，捏脸是非常重要的环节，该环节催生了一个新兴职业——捏脸师。Soul 提供的数据显示，目前有大约 80 位捏脸师通过数字化工具为虚拟人物捏脸。这些捏脸师将自己的爱好变成工作，用创意和艺术感在 Soul 上创造着价值。部分捏脸师因为能力出众、审美高级，月收入甚至可以超过 4 万元。

随着时代的不断发展，越来越多像捏脸师这样的新兴职业会出现并逐步壮大，如与虚拟世界、数字化产业相关的职业等。与此同时，人们会有更多样化的工作选择，也有更多机会找到自己真正喜欢的职业，从而在工作生涯中获得更大的认同感和幸福感。

8.2.3　资本抢占社交平台，元宇宙 UGC 平台获得融资

提起元宇宙 UGC 平台，大多数人想到的可能都是 BUD。BUD 是零点一娱

乐旗下的产品，由来自 Snapchat、Facebook 等企业的创始团队开发，可以为人们提供无代码工具，帮助人们创作 3D 交互内容、搭建虚拟社交场景，从而提升人们的社交体验。

BUD 的发展过程可总结如下：

2019 年 7 月，BUD 正式成立。

2019 年 7 月，BUD 获得来自云九资本的数百万美元的天使轮投资。

2020 年 5 月，BUD 正式上线，致力于为人们提供虚拟互动服务。上线不久，BUD 的自然下载量（没有借助任何宣传和推广手段的下载量）就达到百万级别。

2020 年 12 月，BUD 获得纪源资本数百万美元的 Pre-A 轮投资。

2021 年 5 月，BUD 获得源码资本 A 轮投资。

2021 年 11 月，BUD 新版本上线，定位是元宇宙 UGC 平台，工作重心是 3D 交互内容和虚拟场景社交。上线 1 个月，BUD 的单月下载量就超过 120 万。

2022 年 2 月，BUD 完成 1500 万美元的 A+轮融资，投资者包括启明创投、源码资本、纪源资本、云九资本等。

2022 年 5 月，BUD 完成金额超过 3500 万美元的 B 轮融资，投资者是红杉印度、锴明投资、网易、北极光创投、纪源资本、启明创投、源码资本等。

在 BUD 上，作为数字资产存在的 3D 交互内容和虚拟场景随处可见，而且非常精美，都是用户自己创作的。在用户的推动下，这些数字资产得以广泛传播，而 BUD 也积累了强大的用户基础，仅在海外就以低成本的宣传方式获得了上千万的注册用户量。

BUD 的用户大多是充满创造力和想象力的年轻人，他们热爱分享、喜欢表达自己、学习能力超强，也有一定的互联网基础。这意味着，他们不需要理解复杂的程序设计，就可以在 BUD 上打造出一个极具个人特色的虚拟空间。未来，BUD 作为新时代的元宇宙 UGC 平台，会继续进行技术迭代，不断打磨产品，帮助用户更好地发挥奇思妙想。

8.2.4 崽崽 Zepeto：打造 Z 世代的快乐星球

Z 世代是一个网络流行语，主要指 1995～2009 年出生的带有潮流、个性、勇敢等标签的年轻人。在工作、生活上，他们重视自由，希望可以从中获得满足感和幸福感。而那些可以帮助他们实现这种目标的产品，自然有更多机会赢得他们的喜爱和信任。例如，在当下十分火爆的元宇宙社交领域，崽崽 Zepeto 就是一个非常优秀的产品，成功赢得了他们的心。

崽崽 Zepeto 构建了一个极具吸引力的元宇宙社交生态，人们只需要通过手机、电脑、iPad 等智能设备就可以创建自己心仪的虚拟形象。在崽崽 Zepeto 上，人们可以是聪明漂亮的白领、医术高明的医生，也可以是人气爆棚的博主，甚至可以是一名英姿飒爽的警察。人们还可以根据自己的身份，随时随地切换与身份相符的造型。

崽崽 Zepeto 为人们打造了一个缤纷多彩的虚拟世界，在现实世界中籍籍无名的人，到了这个虚拟世界中可能就会成为广受追捧的偶像。人们可以在这个虚拟世界中做自己喜欢的事，包括设计好看的主题房间、售卖精美的服装和首饰、创作有趣的视频等。

崽崽 Zepeto 打破了现实世界与虚拟世界之间的界限，让人们以新身份与其他人进行社交，使人们的想象力和创造力被极大限度地激发出来，帮助人们遇见

最美的自己。有了崽崽 Zepeto，人们只需要点开对话框，就可以和知己沟通。

此外，人们还可以借助崽崽 Zepeto 的好友合照功能，用自己和好友分别设计的虚拟形象合照。这样即使你们身处异地，也好像离得很近，仿佛从未分开一样。当然，这远远没有结束，在崽崽 Zepeto 的虚拟世界里，还有游乐场、樱花苑、邮轮等游乐设施，人们可以肆意地玩耍，做一些现实生活中完成不了的事。

目前已经有大约 2.5 亿年轻人在使用崽崽 Zepeto，累计使用时长高达 4 亿小时。随着元宇宙与社交的深入融合，现实世界与虚拟世界的联系也会越来越紧密，很多人，尤其是年轻的 Z 世代可能会用大量时间在崽崽 Zepeto 上进行社交、购物等活动。

未来，崽崽 Zepeto 会带给人们更多可能性，帮助人们打造自己的新世界。人们可以在这个新世界中做真实的自己，并创建各种虚拟形象在不同的场景下与他人互动，从而实现轻松社交。或许从进入崽崽 Zepeto 的那一刻起，人们就真正地感受到元宇宙社交的魅力。

8.3 补全功能，元宇宙社交活动不止社交

以发展的眼光来看，元宇宙社交不止具有社交功能，还会在逐渐完善的过程中与游戏、购物、办公等多种元素融合，展示出多样的功能。当前，在众多企业的实践中，多样的元宇宙社交模式已经逐渐显现。

8.3.1　融合游戏元素：提供更有趣的社交场景

在元宇宙打造的虚拟世界中，人们可以建立一个开放、透明、自由的社交圈，并与他人随时随地进行互动。既然要互动，那就少不了游戏，所以将元宇宙社交与游戏融合在一起已经成为一个不可忽视的新趋势。

人们可以将自己的虚拟形象转化为游戏角色，用这个游戏角色体验极致的沉浸式社交。在这个过程中，人们会找到志同道合的搭档，通过与搭档一起玩游戏建立社交关系。

2022年3月，虚拟现实多人游戏《梦境世界》正式在爱奇艺奇遇VR上线，这是一款被看作是VR领域最接近元宇宙的游戏。这款游戏的显著特色是带有广泛的社交属性，玩家可以在游戏过程中感受沉浸式社交带来的快乐和美好。

《梦境世界》允许玩家打造属于自己的虚拟家园，还设计了上万种个性化虚拟形象组合供玩家自由选择。玩家如果想与他人一起游戏，只需要将游戏传送至他人的智能设备。目前《梦境世界》支持上千玩家同时在线，偶尔还会举办大型主题活动。

试想一下，来自全国乃至世界各地的玩家在《梦境世界》中相逢，用穿着各种各样服装的虚拟形象在自己的虚拟家园中游历、探险，这难道不令人惊喜吗？目前《梦境世界》已经有多款游戏，类型涵盖射击、跑酷、投掷、迷宫等，如失落迷宫、西部游侠、赏金猎人等。

玩家如果有兴趣，可以邀请朋友一起驾驶着宇宙飞船在虚拟家园中翱翔，也可以邀请自己的恋人在地下迷宫中探险。总之，有了《梦境世界》，人们可以获得各种不同的新奇体验，充分感受虚拟世界的魅力。这是元宇宙为人们带来的便

利，而未来，人们将借助元宇宙完成更多在现实世界中难以完成的事，将那些看似遥不可及的梦想变成现实。

8.3.2　融合电商功能：社交消费两不误

在电商领域，有一个名为元域洲的 App，一经推出就自带元宇宙光环，而且还有社交属性。元域洲是物联网企业卓倪旗下的主打"元宇宙+社交电商"的 App，其以区块链、人工智能、物联网等技术为依托，帮助消费者省钱，也能让商家和贡献者赚钱。

元域洲的目标是成为元宇宙时代的"淘宝"。虽然现在元宇宙还处在蓝海市场，但要成为一个淘宝这样深受人们喜爱的行业佼佼者并没有想象得那么容易。那么，元域洲是如何为实现目标努力的呢？具体可以从以下几个方面进行说明。

一是在电商领域已经出现多个巨头的情况下，元域洲依靠火爆的元宇宙异军突起，以新时代电商引导者的姿态进入市场，吸引了一大批消费者。其采取了比较新颖的"自己购物省钱+分享产品赚钱"模式，通过多种积分玩法，在电商领域找到了属于自己的位置。

二是元域洲将业务分为四大板块：数字藏品、虚拟直播、虚拟空间、智慧社交，并借助元宇宙赋能传统电商，推动消费转型升级。这四大板块与 AR、VR 等技术融合，以 3D 形式向消费者展示产品，货源保真而且可以溯源。在元域洲上进行的所有交易都是安全、透明的，交易双方可以实时同频、同声互动，形成了一个完美的交易闭环。

三是元域洲是电商领域的"黑马"，开创性地提出了"元宇宙+社交电商"新理念，可以很好地解决传统电商的痛点。与传统电商相比，元域洲具有重视品质消费、参与经济体系等特点，希望将自己打造成为元宇宙时代的标杆电商企业，为中产阶级提供高品质生活。

四是基于"元宇宙+社交电商"新理念，元域洲将对电商领域的商业模式进行创新，即以"自营+招商入驻"为核心，使消费者享受虚实融合的沉浸式购物体验。从商业价值角度来看，元宇宙作为一项新技术，可以为元域洲带来新用户、扩展新市场。

未来，元域洲将在社区自治和分配方面下功夫，确保消费者能够以社区为单位参与决策、投票、分红等。相信不需要很长时间，元域洲就可以具备成为新一代消费引擎的能力。

8.3.3　融合办公场景：远程社交更立体

在新冠肺炎疫情防控阶段，远程办公变得越来越常见，但很多远程办公产品还存在不少问题，其中比较棘手的一个是员工的社交需求难以在居家场景下得到满足。鉴于此，一些元宇宙办公社交产品应运而生，如 Decentraland、虹宇宙、Immersed 等。

美国的一家互联网企业就经常在 Immersed 上远程办公，员工可以轻松、高效地与自己的同事沟通工作。Immersed 允许员工创建虚拟形象，并自由地选择肤色、服装、配饰等。更惊奇的是，Immersed 还为员工提供与线下场景类似、

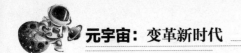
自带涂鸦与办公设备的虚拟办公空间，以便让员工享受沉浸式办公体验，更便捷地与同事进行头脑风暴。

在 Immersed 打造的虚拟办公空间中，员工的虚拟形象只要靠近同事的虚拟形象，他/她说的话就可以被同事听见，而双方一旦拉开距离，便无法再沟通。在这个过程中，员工及其同事可以获得与线下场景高度一致的听觉体验，进一步增强了远程办公的趣味性与沉浸感。

除了 Immersed 以外，元宇宙办公社交平台 ARK 也很受欢迎。ARK 的要务是将元宇宙社交与办公场景融合在一起，弥补传统远程办公产品难以解决的"社交"短板。为此，ARK 加入了一些与社交相关的功能，如让员工在茶水间、电梯间、餐厅讨论工作的功能。这样可以很好地避免因为员工不在同一个物理空间，沟通由实时转向异地所造成的界限感和割裂感。

在 ARK 上，员工可以像在线下办公那样坐在自己的办公位上处理工作，也可以站起来走到同事的办公位前，与对方共同解决工作问题。此外，ARK 还可以帮助员工实时获取同事的工作状态，当发现同事没有在处理工作时，便可以与其闲聊，分享生活上的趣事。

通过上述 Immersed 和 ARK 的案例，可以预见的是，以后随着 VR、AR 等技术的不断升级，融合了元宇宙的社交场景和办公场景将更具沉浸感与趣味性，而且这些场景会在不同的终端上实现。到了那时，元宇宙的价值将进一步释放，企业也可以拥有更广阔的商业空间。

第9章

元宇宙+金融：助推金融科技发展

2021年12月，毕马威发布了《2021中国领先金融科技企业50》的报告。报告表示，随着金融行业数字化转型的加快和数字技术的发展，人工智能、区块链、云计算、大数据等先进技术将成为金融科技发展的重要基础。而作为融合多种先进技术的元宇宙，将在未来为金融科技的发展带来无限想象。

9.1　元宇宙影响金融变革

2021年以来，各大科技巨头在元宇宙领域进行了诸多探索，元宇宙的影响力也在逐渐蔓延，触及更多行业。元宇宙与金融的结合将深刻变革传统金融体系和金融机构当前的运作模式，推动金融机构向元宇宙进发。

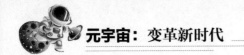

9.1.1　金融体系由中心化走向去中心化

中心化曾经是金融体系的主流，传统金融体系以银行为核心，覆盖范围更广，其形态也更为稳定。但中心化的金融体系意味着其资源和成本会更多地聚集在主体用户，其他分散的客户很难得到较好的服务。同时，中心化意味着各环节之间的不畅通，容易导致各种金融问题的出现。

而去中心化的金融体系与中心化的金融体系恰恰相反，它是分散型金融行业发展趋势的代表。去中心化意味着金融体系不再以银行等少数金融机构为核心，用户能够独立地掌控自己的账户和金融数据。

在元宇宙当中，去中心化金融体系以区块链为基础技术，它没有中心控制点，也不需要中间人介入。整个经济活动过程，例如转账，都在用户的掌控之中。

去中心化金融体系主要有以下几个特性：免授权——无需任何人授权；去中心化——交易记录随时溯源；高透明度——交易流程公开可查；抗审查性——用户账号不能被随便冻结；可编程性——开发者能够自定义程序降低成本。

首先，元宇宙与金融行业结合带来的去中心化趋势能够为用户提供更广泛的全球化金融服务，例如头部企业与偏远地区的商贩享受的待遇是一样的。其次，去中心化金融省去了烦琐的交易流程，降低了交易成本，支付更加便利；再次，用户掌握自己的经济数据，更加安全可靠，隐私性得到了很好的保障；最后，去中心化金融体系中各个经济活动的流程都更加简单易懂。

在元宇宙中，通过使用公共区块链技术即可实现大部分功能。在短期内，去中心化金融与传统的金融体系能够互为补充，共同发展。去中心化与中心化的并行发展能够让用户实现多样化的财富管理，有效对抗金融风险，更快更好地实现金融体系的民主化转型。

9.1.2　元宇宙邂逅 DeFi，衍生 MetaFi

DeFi 是在元宇宙爆发之前就已经出现，那么 DeFi 与元宇宙的结合将会擦出怎样的火花？二者的结合将会衍生一个新概念"MetaFi"，即元宇宙中的金融系统。

从概念上来说，MetaFi 指的是使非同质化代币、同质化代币及其衍生品实现金融互动的协议、产品或服务。在此基础上，元宇宙能够形成一个包含多元内容、稳定运行的金融系统。

MetaFi 的发展将吸引数亿甚至数十亿的用户在元宇宙中进行交易，为其提供金融服务支持，具体表现在以下 4 个方面。

（1）金融产品实现共创

以往，由于技术的复杂性，DeFi 存储栈技术通常被数字货币开发者社区的部分人员掌握。但是凭借 MetaFi，用户可以在去中心化平台中自主设置数字资产相关金融产品，即用户自主创新金融产品。

（2）更多内容金融化

通过 MetaFi，许多现实中的事物都可以转化为数字内容，并通过明确其价

值成为数字资产，并且，这些数字资产还可以在区块链中自由流通。这意味着，人们创造的更多内容将展现出数字价值，更多内容将走向金融化。

（3）DAO 服务栈的改进

在没有中心化平台的元宇宙中，DAO（去中心化自治组织）是元宇宙治理的主要工具。而 MetaFi 的发展将推动 DAO 的成熟。在完善金融工具的支持下，用户可以根据组织规则实现自治，同时还可以通过提出建议、参与去中心化治理的方式优化组织服务，实现组织共治。

（4）金融的游戏化

未来，金融工具将通过与游戏结合的方式提升工具的趣味性，吸引更多年轻用户体验金融服务，使年轻用户更愿意接触金融产品。当前，已经有一些银行推出了游戏化的方法帮助用户管理个人财务、提供平台让用户更便捷地学习金融知识等。

9.1.3 数字化转型升级，银行向元宇宙进发

元宇宙是金融行业数字创新的重要领域。对于银行等金融机构而言，元宇宙意味着一种更深度的数字化转型方向。在金融行业向元宇宙发展的过程中，银行将成为元宇宙的重要玩家。

当前，已经有一些银行率先在虚拟数字人领域发力，推出了为客户服务的虚

拟员工。依托强大的学习库和人工智能，虚拟员工可以准确提供银行交易中的问题咨询、业务办理、品牌代言、风控合规等多方面的服务。这使得银行能够有效提升金融服务品质，同时实现降本增效。

同时，元宇宙有望在交互与体验等方面为银行带来革命性的变化。当前，依托移动互联网，用户能够在网上办理各种银行业务。但在元宇宙时代，在 5G、AI、XR 等技术的支持下，用户与银行连接的媒介也将不大相同。XR 设备可以建立现实世界与虚拟世界的连接，银行也有望将现实中的许多服务场景搬到虚拟世界中，从而变革银行的服务内容及服务形式。

在元宇宙的影响下，银行将面对哪些挑战？第一，元宇宙可以提供沉浸式的虚拟金融客服的陪伴，随时为用户提供专属金融服务。银行面临如何通过元宇宙相关技术提升用户体验、增强用户黏性的挑战。第二，元宇宙意味着很大部分金融产品、金融认证、金融交易的数字化，这将对银行的风控系统带来挑战，引发网络安全风险、身份识别风险、数据存储风险等。第三，元宇宙意味着数字市场与现实世界的强交互，为了满足元宇宙数字化要求，银行的业务模式、管理模式等都需进行变革。

面对挑战，银行又将怎样破解发展困境？首先，银行需要加大在金融科技、虚拟员工、数字资产等方面的投资和建设力度，搭建数字资产的发行、存储、交易等服务。其次，推进数字化创新发展，重塑业务模式，加快银行运营向数字化方向转型。针对新一代年轻用户，打造更具科技感和体验感的金融产品，把握年轻用户需求。最后，银行需要控制向元宇宙转化过程中的风险，在进行任何一个数字化决策前都要明确决策可能带来的风险，并明确好规避风险的方案，切不可盲目跟风。

9.2 发展路径：金融机构多角度切入元宇宙

当前，很多金融机构都意识到了元宇宙发展对于金融变革的重要意义，也积极以元宇宙的发展为契机，开展更深刻的数字化变革。凭借 AR、虚拟数字人、NFT 等多种技术，金融机构在布局元宇宙方面玩出了新花样。

9.2.1 借助 AR 技术优势，进行品牌营销

每年的春节、中秋节等传统佳节期间，各大银行都会开展各种各样的营销活动。越是新奇的营销活动，越能够得到更多人的关注。在 AR 技术越来越成熟的当下，一些银行开始打造新奇的 AR 营销活动，将虚拟场景引入现实。

平安银行就曾在新春期间推出了独具特色的 AR 营销活动。活动期间，打开平安口袋银行 App，就可以看到 AR 活动"奇妙刷新街"的入口。

点击入口，展现在眼前的是一座以 360 度建模技术打造的虚拟古代城市，水榭楼台、流水繁花应有尽有，整个城市华丽又喜庆。凭借 AR 技术，这些漂浮在手机镜头下的场景能够给予用户一种沉浸感。

虚拟世界中无处不在的"小白人"、即主角"小安"。跟随它们的脚步，用户可以转换各种场景，从不同角度探索这座虚拟城市。

同时，虚拟城市中融入了各种各样的活动入口。例如，"平安商号"中有平安口袋商城的积分抵扣活动，海量商品全场包邮；而"五折美食府"代表的是5000家各种门店在每周三刷平安信用卡低至五折的活动。

该活动凭借VR技术打造了大规模的虚拟街景，其中的亭台楼阁不仅体现了我国古代的建筑风格，在设计上也展现出了立体形态，为用户呈现出了一个唯美的奇幻世界。同时，活动也为用户打造了一次虚拟与现实结合的沉浸式交互体验。用户不仅可以在其中自由进行AR观光，还可以体验多样的优惠活动。

通过引入AR技术打造AR营销活动，平安银行以制作精良的沉浸式画面、丰富有趣的互动活动吸引了大量用户的参与，而用户对于活动的分享又进一步扩展了活动的影响范围。在平安银行及用户多渠道推广活动的助力下，平安银行的影响力得到了有效提升。

除了平安银行外，招商银行、建设银行等都推出了不同特色的AR营销活动。在银行品牌营销同质化严重、用户注意力稀缺的当下，以新技术打造虚实结合的营销活动更能赢得用户的关注和青睐。

9.2.2　打造虚拟员工，探路元宇宙

在布局元宇宙方面，一些银行从当下较为成熟的虚拟数字人技术入手，推出智能高效的虚拟员工，为用户提供专业且多样的金融服务。

虚拟数字人是元宇宙元素的终极归属，也是元宇宙的核心交互载体。未来的年轻用户会更加注重银行的服务体验与服务质量，其需求也是日趋多元化。银行打造虚拟员工也是为了自身的良好发展。例如，宁波银行就推出了虚拟员工"小宁"，为客户提供业务咨询和办理服务。小宁能够主动和客户打招呼，并通过自然的交互为客户提供多样的智能服务。

总体而言，打造虚拟员工主要能够满足银行以下 3 个方面的需求。

① 无负面影响

虚拟员工与品牌聘请虚拟代言人一样，都可以避免由代言人自身事件带来的负面影响。

② 风控需要

虚拟数字人能够实现绝大部分标准化、规模化的功能，在贷款材料审批、收集风控材料等方面具有很高的工作效率。除此之外，虚拟员工能够利用算法、大数据等技术有效监控、预测银行业务流程中存在的风险，减少银行损失。

③ 客服部门优化

虚拟员工能够对用户遇到的常见问题进行自动解答，减少用户的等待时间，提升银行的服务质量与体验。同时，虚拟员工能够全天在线提供 24 小时服务，相较于人工客服，虚拟员工的出错率更低。

从元宇宙着眼，未来的数字银行有很大的发展潜力，打造虚拟员工，探路元宇宙也是银行发展、转型的必经之路。

9.2.3 聚焦 NFT，发行数字藏品

除了推出虚拟员工，一些银行聚焦于 NFT 领域，通过推出数字藏品的方式布局元宇宙。

微众银行于 2022 年 1 月推出了数字藏品"福虎"。该数字藏品项目是目前为止最大规模的数字藏品，总发行量为 20.22 万张。用户可以免费领取、分享、查询等，但不支持转赠和交易。

同样在 2022 年 1 月，北京银行推出了"京喜小京"数字藏品。该系列数字藏品以春节传统文化习俗为设计灵感，将红包、糖葫芦等传统年俗元素与小京形象结合打造数字藏品，共有 2022 个。每个数字藏品都有唯一标识，用户可以永久保存但也不支持进行交易。

此外，2021 年 11 月，百信银行在成立 4 周年之际发布了 NFT 数字藏品"4 in love"，该数字藏品为一款虚拟数字人的形象，体现了科技与艺术的融合。

2021 年 12 月 27 日，百度发布元宇宙产品"希壤"，打造了一个连接虚拟和现实的奇幻世界。同时，作为一个展示多元内容的虚拟生态，希壤吸引了诸多银行机构入驻。希壤正式上线的当天，百信银行推出的 NFT 数字藏品"4 in love"也正式入驻希壤数字艺术品展区并亮相百度 AI 开发者大会。打造 NFT 数字藏品并于希壤展出是百信银行在数字资产领域的一次积极实践，体现出银行在数字资产方面探索的决心。

未来，在 NFT 发展的过程中，银行作为重要的金融机构，将在 NFT 发售、

交易的各环节发挥重要作用。同时，在 NFT 领域布局也将推动银行更快地走向元宇宙。

9.2.4　专注银行元宇宙和金融科技元宇宙，打造 MetaBank

将眼光放长远，除了在 AR 技术、虚拟员工、NFT 方面的探索，银行还可以专注于银行元宇宙和金融科技元宇宙，全力打造 MetaBank。

首先，在打造银行元宇宙方面，银行可以开展以下 3 个方面的探索。

一是银行可以利用自身的雄厚资金和丰富的网点布局，成为元宇宙的入口，变成虚拟世界和现实世界的连接器。银行网点可以变成虚实融合入口，布局各种数字工具，包括各种便携可穿戴的 AR/VR 设备等；或者应用脑机接口技术直接将相关的电信号通过无线脑机接口提供给人脑，进行实时、无障碍的信息交换，以此自由进入元宇宙。

二是实现产品共创，鼓励客户自主设计所需金融产品并进行分享，银行逐渐变成工具和规则的提供者，实现长尾客户需求的个性化满足。元宇宙作为另一个"平行宇宙"的意义是在某种程度上削弱现实世界的"中心特权"，用户可以在虚拟空间里生产创造自己的金融产品，不再受到以往资源的限制，并且元宇宙的世界会永远记录下创造者与金融产品的关系，其他人想要获得使用权就必须支付相应的费用。

三是承担数字资产（包括数字艺术品在内的综合品类）的交易所职责，建立一套数字资产确权、使用、让渡的规则，规范数字资产类型和相关交易活动，保证使用数字人民币等价交换，降低洗钱风险并杜绝虚拟货币使用。数字资产意味着新的财富，虚拟物品从生产到发布、交易、转让、使用等过程将是一次财富重新洗牌的机会。

其次，在建设金融科技元宇宙方面，银行需要进行以下2个方面探索。

一方面，银行需要借助自身强劲的金融科技实力，为元宇宙的建设赋能，提升全社会的数字化水平。尤其是在办公领域，元宇宙沉浸式体验以及肢体语言的使用使得交流最大限度上接近现实中"面对面"的沟通效果，从而提升工作效率及创造力。这种随时随地办公的特性促使劳动力供给全球化，改变企业组织形态和管理模式。

另一方面，银行要积极进行数据变现，通过帮助不同行业收集丰富的数据，为银行的客户管理、信贷评分等工作奠定基础，将以前的"不能贷""不敢贷"变为金融普惠，利用金融工具充分支持新兴产业的发展，并且更高效防范金融风险。

综上所述，银行可以通过银行元宇宙和金融科技元宇宙两方面的布局，全力打造 MetaBank，以改变自身业务模式，深度参与实体经济建设，更好地服务实体经济。此外，银行还可以在这一过程中变革服务模式和产品模式，更优地深化金融改革。

9.2.5　金融公司+科技公司，共建金融元宇宙

除了银行，很多金融公司也将发展的目光瞄向了元宇宙，并作出了相应

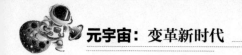

的尝试。

2022 年 2 月末，一家总部位于中东的国际性金融公司 ICICB 推出了一个扩展的生态系统 ICICB Metaverse。基于这个完善的区块链生态系统，用户可以在系统触及的任何地方玩游戏或进行交易等，ICICB Metaverse 为更多用户进入虚拟世界奠定了基础。

ICICB Metaverse 为用户提供了内容丰富的时空之旅，其中包括古代、现代、未来生活等独立的时代，每个时代都有自己独特的通证和文物。用户可以在不同时代中体验多样的玩法，积累虚拟资产并将其转化为现实世界的资产。在 ICICB Metaverse 中，每位用户都可以成为一名时间旅行者，自由体验从石器时代到未来世界的不同生活。

同时，2021 年 11 月，招联消费金融公司表示公司已经提交了"招联金融元宇宙"的注册申请，后续也将推出元宇宙消费金融相关的新品牌。公司将在普惠服务自动化、消费体验全真化、智能管家定制化等方面进行探索，构建消费金融元宇宙。

金融公司布局元宇宙能够加速金融领域向元宇宙的发展。虽然，当前已经有一些公司在布局元宇宙方面作出了畅想，但是具体到落地方面，还存在不小的技术难题。为破解元宇宙在金融公司落地的技术难题，金融公司有必要和科技公司进行合作，依托对方的技术优势深化数字化、虚拟化进程。

在这方面，作为金融公司数字化转型的合作伙伴，建信金融科技有限公司（以下简称建信金科）将为金融公司提供技术支持，深化其数字化探索和创新迭代。建信金科依托其自主研发的"建行云 2.0"，推出了多种融合 AI、云计算等技术的模块化产品。这些产品可以嵌入至金融公司的多个流程，将金融公司的更多业务迁移至线上。同时，凭借技术基础架构，"建行云 2.0"相关引擎能够快速响应来自金融公司的实时调用分析，为金融公司提供数据分析支持。

　　总之，在向元宇宙进军方面，无论是金融机构想要变革传统业务模式，还是想引入虚拟员工、开展虚实结合的营销活动等，都离不开科技公司的助力。凭借科技公司的技术支持，金融公司能够减少独自摸索的时间，更快更稳地走向元宇宙。

第10章

元宇宙+制造：提供制造新方案

当前，制造领域的产品设计、生产、测试等环节往往都是在现实世界中完成，每个环节都需要耗费大量的时间、材料等。而元宇宙与制造的结合则提出了新的制造方案：企业可以将设计、测试等环节搬到虚拟世界完成，再以更完善的方案指导现实中的生产制造。

10.1　元宇宙中的智能制造

元宇宙如何赋能智能制造？凭借数字孪生技术，生产制造的各个环节都可以在虚拟世界中实现，现实中身处异地的人们也可以在虚拟世界协同工作。未来，伴随着技术的发展，智能数字工厂将会出现，所有的制造流程都可以在虚拟世界

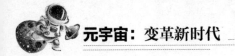

完成。

10.1.1　数字孪生：元宇宙智能制造的核心技术

在元宇宙制造形成的过程中，数字孪生技术将发挥关键作用。数字孪生是一种将现实世界镜像化到虚拟世界的技术，即依据现实中的物体创造一个数字化的孪生体。同时，现实物体与数字孪生体之间是相互影响、相互促进的。简而言之，数字孪生就是创造一个还原现实世界的虚拟场景，支持人们在其中进行各种尝试并得到结果。

当前，数字孪生已经从概念走到了实践。企业可以收集产品性能数据，将其应用到虚拟模型中。通过这种模拟，企业能够尽快明确产品的设计流程、测试相关功能，从而提升产品研发和生产的效率。例如，通用电气公司就借助数字孪生技术，让每个机械零部件都有数字孪生体，并借助数字化模型实现产品在虚拟环境下的调试、优化等。这不仅提升了企业的运行效率，也节省了企业的调试、优化成本。

能够实现模拟预测的数字孪生方案最早应用于自动化控制领域，之后随着数字孪生技术的发展，逐渐扩展到企业数字化、智慧城市等更多领域。通过在虚拟世界中投射物理世界，并对数据进行智能分析，数字孪生方案可以实现相应业务的自动化、智能化管理。

数字孪生的应用中有两点需要注意。

第一，数字孪生面对的并不是静止的对象，形成的也并不是单向的过程，其面对的是具有生命周期的对象，形成的是动态的演进过程。因此，数字孪生应用在制造场景时，生成的不仅有拟真三维模型，还包括了制造场景在运行过程中基于各种变动数据的动态时空演绎。准确地说，数字孪生并不是形成一个单一的虚拟场景，而是体现了一个数字孪生的时空。

第二，数字孪生不仅重视表现海量数据，也重视拟真模拟背后的数据分析。数字孪生呈现的是一个动态的过程，这意味着其需要对海量数据进行分析。在此基础上，数字孪生不仅能够根据当前数据搭建起相应的虚拟场景，还能够根据数据的变化，模拟出相应场景的变化。以数字孪生在制造领域的应用为例，数字孪生不仅能够模拟产品的当前状态，还能够借助各种数据，展现出产品可能存在的不同的迭代路径。

总之，数字孪生可以实现数字空间的打造，制造领域的诸多场景都可以复刻到这个数字空间中。借助各种数字模型，企业可以进行多方面的推演与预测，进而做出更科学的决策。

10.1.2　将设计搬进虚拟场景，解决现实设计痛点

目前在国民经济中，制造领域占据着非常重要的地位。政府提供的数据显示，2021 年，我国制造领域的生产增加值超过 370000 亿元，比 2020 年增长 9.6%，占国民生产总值的 32.58%。因此，当元宇宙时代来临时，制造领域是一定会和元宇宙相融合。

元宇宙自带的强大技术能力将对制造领域产生深刻影响，推动制造领域的发

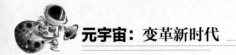

展上升到一个新水平。例如，在产品设计方面，元宇宙可以将设计搬进虚拟场景，帮助设计师解决设计问题，从而优化设计流程、提升设计效率、降低设计成本。

有了元宇宙打造的虚拟场景，设计师可以借助产品模型对各种零件的功能进行更有针对性地模拟。这样有利于设计师检验产品的质量和性能。此外，元宇宙也可以打破地域限制，让身处异地的设计师实现远程协作，共同完成设计工作。

消费者甚至可以在虚拟场景中参与设计，并亲自体验自己参与设计的产品。这样可以使产品更贴近消费者的需求，也能够更大程度地优化消费者的使用体验。而且，设计师还可以从消费者的建议和意见中获得灵感，从而设计出更新奇、有创造力的产品。

在虚拟场景中，设计师还不会再受限于材料的限制，可以随心所欲地改变衣服、鞋子甚至汽车等产品的设计。元宇宙还可以让产品变得可持续，因为在虚拟场景中，改变设计将不需要额外的生产过程，所以也不会造成材料的浪费，这就意味着设计师可以对产品进行多次设计。

以鞋子为例，设计师可以设计一款在现实场景中看起来很个性，甚至有些古怪的鞋子。当设计师想重新设计时，就可以在原有鞋子的基础上对其材料、图案、样式等进行对此调整，最终得到全新的鞋子。

现在元宇宙的"风"已经刮到了设计行业，越来越多设计师担心自己的设计水平、设计风格、设计理念不能跟上时代。其实这种担心是没有必要的，设计师只要在拥抱元宇宙、不断提升自身能力的同时做好自己的工作就可以了，毕竟元宇宙还需要一段时间才能真正成熟。

10.1.3　虚实协同，虚拟制造方案科学指导现实

元宇宙是典型的虚拟技术，而制造领域又是现实场景中不可或缺的一部分，二者分别代表虚和实，一旦融合就可以实现虚实协同。虚实协同意味着在虚拟场景中部署与制造领域相关的环节，包括生产、营销、售后服务等。这样不仅可以打通虚拟场景和现实场景，实现制造领域的进一步转型升级，还有利于形成智能制造体系，达到降低成本、提升效率的效果。

制造领域的虚实协同其实与前文提到的数字孪生非常相似。其中，数字孪生是现实场景与虚拟场景的 1∶1 映射，即在虚拟场景中复制现实场景中的制造流程；而元宇宙带来的虚实协同则有更广阔的想象力，即除了会复制制造流程，还会提供在现实世界中没有甚至实现不了的制造体验，从而使虚拟场景和现实场景建立更紧密的关系。

元宇宙赋能制造领域已经是一个不争的事实，它也推动着制造领域向数字化、网络化、智能化的方向全面升级。具体地说，元宇宙以人工智能、物联网、云计算等新一代信息技术为基础，贯穿于制造流程的各个环节，为制造领域带来更符合时代潮流的新型生产方式。

其实"元宇宙+制造"更像是智能制造的未来形态，将促进虚拟场景和现实场景的协同作为主要目标，同时致力于把现实场景中可以实现的操作映射、拓宽到虚拟空间中，让虚拟场景中的制造流程反过来作用于现实场景，推动制造领域高效运转。

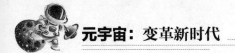

当"元宇宙+制造"真正落地，制造领域的企业将用更低的成本、更高的效率生产更优质的产品。与此同时，企业各部门之间、企业和企业之间也可以实现高效协同，携手发展元宇宙，推动制造领域更好、更快地向前发展。

10.1.4 制造全流程虚拟，智能制造未来可期

在制造领域，与元宇宙相关的大多数应用似乎都与数字孪生有关，但从更长远的时间维度来看，元宇宙的应用场景会覆盖整个制造流程，并指导和推动制造流程不断升级。下面将从生产优化、设备运维、产品测试、技能培训等环节入手，分析元宇宙制造的应用场景。

① 生产优化

借助元宇宙，人们可以身临其境般地体验虚拟工厂的建设和运营情况，并与虚拟工厂中的设备进行实时互动，从而更直观、便捷、高效地优化生产流程，实现智能生产。例如，在建设虚拟工厂时，人们可以通过元宇宙模拟实体工厂的建筑结构、设备摆放、生产线安排等情况，以便对资源配置的合理性和准确性进行提前验证。

此外，实体工厂出现的任何变动，也都可以在虚拟工厂中进行模拟，使人们更精准地预测产品生产状态，实现生产流程优化。例如，宝马就引入了英伟达打造的元宇宙平台 Omniverse，对 30 多座工厂的生产流程进行调整，此举可以大大地提升宝马的生产效率。

② 设备维护

之前，大多数企业都是通过大数据分析对设备进行预测性维护，现在这项工作可以由元宇宙来完成。元宇宙打破了空间和时间的限制，进一步提升设备维护的响应效率，可以使设备得到更迅速、高质量的维护。例如，在元宇宙打造的虚拟工厂中，维护人员将不再受到地域限制，即使他们身处异地，也可以在设备出现问题时对设备进行远程维护。

如果设备出现难度大、复杂程度高的问题，那各地维护人员可以通过元宇宙在虚拟工厂中汇合，一起讨论并制定解决方案，从而提升维护效率，让企业更快地恢复生产。

③ 产品测试

企业通常要在产品上市前对产品进行测试，元宇宙能够为企业提供一个虚拟空间，让企业检验产品的性能。另外，企业还可以在虚拟空间与现实世界中对产品进行同步检验，实现虚实结合，从而使企业更充分地感受产品的内外部变化，进一步提升检验效率。

例如，智能芯片由于工艺精密、对安全性要求高等原因，测试流程往往十分复杂和严格，而且必须满足多项行业标准。元宇宙可以为智能芯片提供虚拟空间，让企业用较低的成本对智能芯片进行测试，提升智能芯片的测试准确性。

④ 技能培训

制造领域需要专业人才，元宇宙可以帮助企业对员工进行技能培训，让员工更规范地操作设备进行产品生产，从而尽快成为专业人才。对于地震、火灾等特殊事件，元宇宙也可以搭建一个虚拟空间，供员工进行逃生演练，帮助员工提前熟悉逃生路线和事故处理办法。

元宇宙连接了现实世界与虚拟世界，呈现出虚实融合的状态，对整个生产流程都产生了深刻影响。为了迎接元宇宙时代，企业要不断提升算力，夯实技术基础，在智能芯片、传感器、光学镜头、VR/AR 等方面进行深入探索和研究。

10.2 平台赋能：多企业推出虚拟协作平台

当前，在元宇宙制造领域，许多企业都进行了多方探索，凭借自身技术优势打造虚拟协作平台。其中，百度、微软、英伟达等都是其中的翘楚。

10.2.1 百度：发布 VR2.0 产业化平台，连接生产端与需求端

百度一直致力于研究人工智能，并在智能语音，自然语言处理、知识图谱等领域都取得了非常不错的成果。2022 年 1 月，在元宇宙爆火的情况下，百度又推出 VR 2.0 产业化平台。该平台以百度大脑为基础，融入了百度非常熟悉的智能语音、自然语言处理、智能视觉、智能地图等技术，形成了强大的技术矩阵。

VR 2.0 产业化平台由两个部分组成：VR 创作平台、VR 交互平台。针对 VR 创作平台，百度以内容生产为基础，推出了统一的内容格式，同时采用了渲染引擎技术，让内容消费更顺畅；针对 VR 交互平台，百度正在积极探索三维化信息在元宇宙中的更多可能性。

借助 VR 2.0 产业化平台，百度成功入局制造领域，该平台可以为制造领域提供与元宇宙息息相关的 VR 解决方案。在场景方面，VR 2.0 产业化平台基于强大的技术矩阵和百度的丰富经验，已经在设计、生产、销售等多个制造场景顺利落地。

目前百度的元宇宙布局还处于早期阶段，未来需要借助 5G、边缘计算，云计算等技术，加速元宇宙与制造领域的融合发展。与此同时，百度还将做好基础设施建设工作，开发更多创新型产品，从而更好地服务于 VR、元宇宙，以及不可或缺的制造领域。

10.2.2　微软：工业元宇宙进行时，搭建完善体系

早在 2021 年 11 月，微软便宣布要进军元宇宙领域；2022 年 5 月，微软举办了 build 2022 开发者大会，CEO 萨提亚·纳德拉首次披露了微软在元宇宙领域的最新进展和探索成果，包括聊天软件 Teams、B 端会议应用 Mesh 等，并公开表示微软将借助元宇宙和云计算、大数据等技术，对业务流程进行模拟和预测，从而帮助企业提升运营效率。

现在很多企业都与微软达成了合作，使用了微软的元宇宙产品。例如，川崎重工使用了微软的元宇宙解决方案 HoloLens。川崎重工的员工只要在巡查车间时佩戴 HoloLens MR 眼镜，就可以实时查看生产数据是否有异常。当生产流程出现问题，员工还可以利用 HoloLens 联系远在其他城市甚至国外的专家，让专家提供解决方案。专家可以对员工进行远程指导，通过数字孪生模拟故障，并帮

助员工尽快修复故障。

酿酒制造商百威英博引入微软的元宇宙产品，追踪从麦子收割、生产酿造，到上市销售、售后服务的每个啤酒生产环节的数据；英国连锁零售集团玛莎使用微软的结算系统，用该系统生成的数据实时跟踪员工的绩效情况和消费者的购物体验。

微软的众多合作伙伴及其不断发展的元宇宙业务，在很大程度上证明了元宇宙的火爆程度。虽然现在元宇宙听起来好像只是一个噱头，但随着元宇宙的渐趋成熟，以微软为代表的企业将不断完善元宇宙体系，为实现沉浸式智能制造奠定坚实基础。

10.2.3　英伟达：开放式平台 Omniverse 赋能实时协作

2022 年 3 月，英伟达强势推出开放式平台 Omniverse，艺术家、创作者、设计师等都可以随时随地访问该平台。该平台可以同时连接数十亿台设备，供用户进行 3D 设计。综合地看，该平台提供的服务主要包括以下 2 项。

（1）自带"一键协作"功能，用户可以在任意地点、任何时间访问和编辑 3D 场景。值得注意的是，整个过程不需要传输大量数据，就可以让艺术家、创作者、设计师等共同构建一个完美的虚拟世界，并在其中进行 3D 设计。

（2）用户可以在 Omniverse 上创建虚拟角色，例如，用 Omniverse 创建虚拟餐厅服务员或虚拟车载助手等。此外，借助英伟达的云平台 NVIDIA GeForce NOW，Omniverse 还可以对用户创建的虚拟角色进行模拟和渲染，也可以让非技术人员更轻松地查看这个虚拟角色。

其实从进入公测阶段开始，Omniverse 就一直在迭代升级，包括为产品开发人员提供更多功能，帮助其构建高级的生产工具；对用户的使用权限进行重大调整和更新；Connector 组件的数量从 8 个增加到 80 个等。

Omniverse 作为一个用于协作和模拟的开放式平台，经过不断发展已经有明确的构造，可以为从事 3D 设计工作的所有人提供优质服务。有了 Omniverse，用户就具备了创建 3D 场景和虚拟角色的能力，也获得了对物理世界进行建模的机会。

英伟达曾经发布了一个视频，通过这个视频介绍知名车企宝马使用 Omniverse 的相关情况。正如前文所述，Omniverse 帮助宝马对 30 多座工厂的生产流程进行了调整，大大降低了宝马的生产规划成本，也提升了宝马的生产效率。

在互联网时代，英伟达致力于提供互联网服务，到了元宇宙时代，英伟达又紧跟时代潮流，积极布局元宇宙战略。在时代发展过程中，英伟达始终扮演着重要角色。

第11章

元宇宙+电商：开辟营销新场景

在"万物皆可元宇宙"概念盛行的现在，电商已经依托多样的平台实现了快速发展，而在未来，元宇宙将为其提供更广阔的平台和更沉浸的营销场景。元宇宙商务将成为电子商务的新发展方向。

11.1　盘活营销"人、货、场"

在市场竞争日益激烈的当下，盘活人、货、场这三个要素对于电商的长久发展来说至关重要。而元宇宙与电商的融合则能够实现这三方面的重构，激发电商新活力。

11.1.1 人的重构：营销对象由人变为虚拟数字人

随着元宇宙的不断发展，越来越多新营销方式被催生出来，让众多企业参与其中。例如，有些企业尝试推出虚拟数字人，通过用虚拟数字人带货、代言等方式与消费者深入互动，以此来促进品牌推广和信息传递。在营销方面，虚拟数字人主要有以下几点优势。

① 可塑性强，风险比较低

企业邀请明星代言，主要是为了提升影响力和推广产品，但这种做法其实是一把"双刃剑"。例如，明星的不良行为和言论很可能让企业陷入舆论漩涡，损害品牌形象。与真实的明星相比，虚拟数字人不会随意行动，也不会生病、衰老，更不会面临人设崩塌的问题，所以其创造商业价值的能力通常是非常稳定的。

② 吸引年轻人，潜移默化地推广品牌理念

大多数年轻人对互联网有更强的适应能力，而且消费意愿比较强烈，愿意为自己喜欢的产品支付更多钱。虚拟数字人作为附加的品牌符号，可以潜移默化地向这些年轻人传递品牌理念，将企业的品牌形象以立体的方式呈现出来。在元宇宙时代，这些年轻人可以对虚拟数字人的身材、嗓音、性格、颜值等提出一些意见和建议，并从获得参与感。

可以说，虚拟数字人已经成为企业与消费者进行情感沟通和互动的重要桥梁。

③ 具有很高的商业价值

随着时代的变化和技术的升级，虚拟数字人也会持续迭代，不断提升自己的商业价值。例如，在国外，一个名为 Lil Miquela 的虚拟数字人拥有上百万粉丝，年收入高达上千万美元；在我国，洛天依的热度和流量也不亚于明星，直播坑位费甚至可达到 90 万元。

毋庸置疑，虚拟数字人正在以势不可挡的速度不断发展，并逐渐向各个领域加速渗透。虚拟数字人柳夜熙频繁登上抖音热搜榜，很多视频的获赞量都达到上百万；国产彩妆品牌花西子推出同名虚拟数字人，利用虚拟数字人代言；英伟达打造了自带语音播报功能的虚拟数字人 Toy-Me……

虽然虚拟数字人有不同的形象、性格等，但同样都受到了广泛关注，成为企业进行营销的"秘密武器"。相关数据显示，预计到 2023 年，我国虚拟数字人的市场规模将达到 3334.7 亿元，核心产业规模将达到 205.2 亿元。由此可见，虚拟数字人的发展前景十分广阔。

在元宇宙时代，虚拟数字人的出现，为企业做营销提供了新观点和新思路，也让企业掌握了与消费者沟通的切入点。未来，虚拟数字人也许可以在虚拟世界和现实世界之间穿梭，从而更好地为营销赋能，使企业的品牌和产品被更多消费者了解和喜爱。

11.1.2　货的重构：虚拟产品引爆消费新需求

从元宇宙在网上火爆开始，数字服装、数字藏品等虚拟产品也逐渐成为人们关注的热点，甚至催生出全新的消费需求。现在不仅有专门销售虚拟产品的网站，

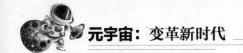

还有为虚拟产品举办的元宇宙发布会等。虽然虚拟产品价格不菲、对于有些人来说是甚至只有观赏价值，但随着元宇宙的不断发展，也不乏有一些确实会用真金白银去购买的人。

知名品牌 Gucci 在 2021 年 11 月推出了自主设计的虚拟运动鞋 Gucci Virtual 25。虽然这双鞋外观很时尚，但人们只能在虚拟世界中穿，而且不能转售。人们买了这双鞋后，就可以穿着它在虚拟世界中拍照或者录视频，然后再分享给自己的亲朋好友。

虚拟潮流品牌 RTFKT 也和 Gucci 一样，有自己的虚拟产品。RTFKT 成立于 2020 年，主营业务是生产并销售各类虚拟产品，如虚拟运动鞋、虚拟服装，甚至虚拟滑板等。这些虚拟产品由 RTFKT 自主设计，RTFKT 在设计过程中使用了电子游戏引擎、AR/VR、区块链等技术。

由于赶上了元宇宙这个大热点，RTFKT 盈利倍增，受到了很多投资机构的关注，并于 2022 年 5 月获得了总金额高达 800 万美元的种子轮融资，市值更是已经超过 3300 万美元。

如今，为了完善元宇宙体系，零售巨头沃尔玛也申请商标，打算开始销售虚拟产品，种类包括电子产品、玩具、运动设备、家居装饰等。在沃尔玛的推动下，消费者在虚拟产品上花费的钱会越来越多，虚拟产品也会带给消费者一定的幸福感和满足感。

未来，元宇宙越来越成熟，那些看得见却摸不着的虚拟产品，很可能会变成真正的时尚。

11.1.3　场的重构：将营销场景搬上云端

在元宇宙打造的虚拟世界中，人们可以完成很多在现实世界中无法完成的事，也可以获得新奇、与众不同的体验。这种体验吸引着人们关注元宇宙，也激发了 Facebook、苹果、阿里巴巴、百度等行业佼佼者布局元宇宙战略的欲望。

从游戏、社交，到制造、电商，再到现在的营销，无数领域在元宇宙时代都发生了变革。以营销为例，很多企业都将营销场景搬上云端，即让消费者在虚拟世界中购物。其实我国已经出现了很多不错的虚拟购物案例，例如，阿里巴巴采取 Buy+计划，借助 VR、AR、人工智能等技术打造三维虚拟购物场景；华为引入"场景购"解决方案，用 VR 购物场景打造沉浸式消费体验；华伦天奴在天猫上开了一家虚拟旗舰店，帮助消费者在线上浏览实体快闪店并购买心仪的产品；眼镜品牌 GM 将虚拟空间搬到了线上，借助淘宝上进行展示……

虚拟购物无疑是受欢迎的，但企业要想实现虚拟购物，关键在于搭建一个虚拟空间，并在这个虚拟空间中满足消费者对购物的所有想象。VR 数字孪生云服务商众趣就致力于探索虚拟购物，将 AR、VR、机器视觉等技术融入虚拟购物，为企业做好元宇宙"基建"服务。

众趣旗下有很优秀的空间扫描设备，再加上数字孪生、3D 视觉算法、互联网三维渲染等技术的加持，企业可以借助众趣构建虚拟购物场景，也可以对线下购物场景进行三维立体重建，从而将线下购物环境完整、真实地还原到虚拟世界中。

此外，众趣还能帮助企业在虚拟购物场景中设置购物标签，企业可以借助这个标签向消费者展示产品详情和购买链接。在虚拟购物场景中，企业还可以设置快捷导航，以便让消费者更简单、迅速地浏览不同旗舰店，进一步提升消费者的消费体验。

目前众趣已经和阿里巴巴、华为、红星美凯龙等知名企业展开合作，通过自己的强大技术帮助这些企业构建虚拟购物空间。有了众趣的加持，这些企业可以为消费者提供更优质的服务，而消费者则可以在足不出户的情况下享受到和线下购物几乎没有差别的沉浸式消费体验。未来，众趣将为企业的数字化转型赋能，帮助企业适应智能化的元宇宙时代。

11.2 深入渗透，元宇宙融入营销多环节

当前，许多企业都已经关注到了元宇宙发展这一趋势，也在积极尝试以更先进、更新奇的方式进行营销。其中包括推出虚拟代言人、召开虚拟发布会、用AR或VR进行营销等。

11.2.1 推出虚拟代言人，打造虚拟IP

从我国第一代虚拟偶像洛天依走进直播间，到虚拟美妆达人柳夜熙成为网络

红人，再到全球各大知名品牌相继推出虚拟形象大使，虚拟代言人俨然已经成为一个不可忽视的概念。现在很多企业都转变营销思路，不再只关注明星代言这种比较常见的营销方式，而是开始孵化自己的虚拟代言人或者与有一定影响力的虚拟数字人合作，希望可以引领时代新潮流。

2021年5月，绿米科技旗下的智能家居品牌Aqara推出了虚拟代言人小乔，获得了广泛关注；一年后的2012年5月，小乔再一次升级，其形象、造型、人机交互效果等都有所创新；如今小乔已经成为智能家居行业打造虚拟代言人的代表性案例。

Aqara是一个智能家居品牌，本身就自带科技感和现代感，因此非常适合使用虚拟代言人代言。而且，虚拟代言人还可以让现实场景与虚拟场景融合在一起，使Aqara有更大的商业价值。与此同时，虚拟代言人与Z世代的消费习惯更匹配，更容易让Aqara获得其支持。

小乔作为一个专门为智能家居而生的虚拟代言人，正逐渐被人们接受和熟悉。然而，小乔又不单单只是一个虚拟代言人。根据Aqara提供的信息，人们除了可以通过语音唤醒小乔，指导小乔对全屋的智能家居设备进行控制和操作，还可以使用小乔的很多特色功能，包括天气查询、智能家居设备状态查询、定时/延时控制、极速排障、语音自动化配置、语音创建场景、场景推荐、场景控制、同义转换等。

更令人们惊喜的是，小乔有很强的自主学习能力，可以达到"越用越聪明"的效果。Aqara为小乔设计的智能声纹识别功能，更是让小乔进步很大。有了这个功能，小乔不仅能听懂雷声、雨声、雪声、风声等自然声，还可以听懂烟雾报警声、孩子哭声、动物叫声等。

不断升级的交互感，一步步拉近着小乔和人们之间的距离，也让小乔与那些仍然停留在基础功能上的虚拟代言人有了很大不同。小乔始终以"懂家更懂你"为宗旨，练就了一身真正为智能家居而生的"功夫"，让人们可以迅速了解智能家居。当然，在小乔的帮助下，Aqara也逐渐成为智能家居领域的佼佼者，不断发挥着自己的商业价值。

11.2.2　召开虚拟发布会，打开营销新市场

除了以小乔为代表的虚拟代言人顺利破圈，虚拟发布会也引发热议。2022年6月，酿酒制造商召开了"厚工坊品牌战略升级暨新陈酿系列虚拟发布会"，此次虚拟发布会以"让优质酱酒走进生活"为主题，融入了元宇宙，打破了空间与地域的限制。

厚工坊采取创新、有趣的传播方式，打造了一场以元宇宙为核心的视觉盛宴。与此同时，厚工坊引入VR、AR等虚拟技术。搭建了一个虚拟场景，让人们享受到沉浸式的直播体验。在虚拟发布会上，虚拟数字品鉴官厚今朝以国风少女般的打扮惊艳亮相，虽然她的出场时间并不长，但依然很好地串联起了整个流程，与嘉宾之间的互动对话也是可圈可点。

新浪、网易、腾讯、南方周末等主流媒体，以及厚工坊官方平台都直播了此次虚拟发布会，观看人数高达115万。此次虚拟发布会极具创造性和创新性，例如，将场地搬到虚拟空间、厚今朝作为虚拟主持人与嘉宾互动等，可谓是开启了跨次元的奇妙之旅。

　　除了厚工坊，顾家家居也召开了虚拟发布会，用极具颠覆性的虚拟场景传达产品理念。在虚拟发布会现场，梦立方床垫正式亮相，工作人员借助虚拟交互技术，为人们沉浸式地还原了床垫的应用场景，也让人们身临其境般地感受了床垫的高品质。

　　通过厚工坊和顾家家居的案例不难看出，多场景无缝转换、科技感十足、可以自由设计的虚拟发布会的确很优秀，也受到企业的欢迎。对于企业来说，虚拟发布会不仅可以为品牌形象赋能，推动品牌形象进一步升级，也可以借助先进技术对产品进行全方位展示，让人们获得沉浸式的满足感，从而吸引更多消费者的关注。

　　总之，元宇宙兴起并发展，虚拟发布会正在被越来越多企业关注到。虚拟发布会打破了空间与地域的限制，给人们一种全新的视听感受，为企业带来了营销新局面，也让企业的数字化转型有了更多可能性，从而帮助企业与人们建立更多维度的连接。

11.2.3　融入虚拟技术，探索营销活动新方式

　　对于很多人来说，以 AR、VR 为代表的虚拟技术并不是陌生概念，2016 年被认为是虚拟技术元年，也正是从这一年开始，虚拟技术得到了比较广泛的应用，现在甚至已经可以应用到营销中。可以说，通过虚拟技术进行营销已经是不可避免的趋势。

　　在虚拟技术的帮助下，企业将获得更多潜在消费者与商机。例如，运动品牌

lululemon 推出女鞋产品，并上线 AR 试鞋功能，更好地为人们提供试鞋体验。人们只要打开 lululemon 的微信小程序，点击"3D 空间"，就可以可查看鞋的 3D 模型，并进行一键试穿。人们只要滑动页面，就可以对鞋的样式、尺码、颜色等进行切换，并实时查看试鞋效果。

因为引入了 AR，所以即使人们正在走动，鞋的 3D 模型也可以贴合人们的脚步。AR 也将每双鞋的细节都渲染得十分真实，确保人们的试鞋过程是足够流畅的。

意大利服装品牌 Prada 推出 AR 试包滤镜，人们只用站在相机前，就能以虚拟化的方式将不同的包上身。Prada 还推出了"手势识别"功能，让人们可以在镜头前随意切换包的颜色和样式。这种 AI 极具智能感的产品颠覆了人们的购物体验。

宜家推出名为"IKEA Studio"的 AR 应用。在这款 AR 应用上，人们可以对自己的房间虚拟装修。首先打开这款 AR 应用，用其自带的相机扫描房间，系统会自动识别家具的大小、形状和位置，并以此为基础构建一个完整的室内 3D 图；然后系统会"抹"去之前的旧家具，在这个全新的房间里放上新家具。

如果不喜欢"IKEA Studio"提供的装修方案，人们还可以自己选择家具，配色方案、装饰物摆放位置，灯光色调、墙面和窗帘等。当人们确定好自己心仪的方案后，"IKEA Studio"就会生成 3D 图，让人们预览方案效果，并将方案效果分享给亲朋好友。

Lululemon、Prada、宜家都积极引入虚拟技术，探索更新的营销方式。在这些企业的推动下，一场营销方式的变革正在悄悄发生。虚拟技术从改变营销方式开始，进而重构整个营销体系。企业通过虚拟技术赢得人们的支持认可，再进一步扩充营销边界，获得更好发展。

11.3 企业入局，多路径布局元宇宙营销

当前，已经有不少的企业开始布局元宇宙电商，尝试将当前的电商模式虚拟化。阿里巴巴、京东等都做出了积极的尝试。

11.3.1 阿里巴巴：以淘宝为落地点，备战元宇宙

2022 年，淘宝在"618 购物节"期间出了一个大型活动——上线元宇宙购物。为了这个活动，淘宝在几个月前就集合了很多专业技术人员，成立元宇宙项目组，对虚拟购物会场进行进一步完善。虚拟购物会场充满科技感和想象力，消费者只要戴上 VR 眼镜，就可以置身于世界各地的商场，购买自己心仪产品。淘宝还与商家合作，建立 3D 产品库，完全还原了线下仓库的场景，给消费者一种奇妙、新鲜的购物体验。

阿里巴巴曾发布过一段宣传视频，展示了淘宝在测试元宇宙虚拟购物场景的画面。通过视频可以大致推测，在淘宝打造的虚拟购物会场中，消费者不仅可以看到电影院、美食城、街道、绿化植被、车流等，还可以用手机操纵信息面板和线上地图，从而让与自己匹配的虚拟角色完成散步、吃饭、聊天、逛街等活动。

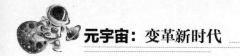
此外,阿里巴巴旗下的虚拟人物换装游戏淘宝人生还开发了具有唯一编码的"未来世界居民证",这是阿里巴巴在元宇宙领域布局的重要一步,也是阿里巴巴为打造全新的虚拟世界做准备。但不可否认,这仅仅是阿里巴巴元宇宙版图的冰山一角。

阿里巴巴综合实力强大,有雄厚的资金与技术支持,频繁在元宇宙领域投资,希望进一步完善自己的元宇宙生态。为此,阿里巴巴成立杭州数典科技有限公司和达摩院 XR 实验室、投资 AR 眼镜制造商 Nreal、积极研发三维建模和全息技术、对可穿戴式硬件进行升级。

为了让消费者有沉浸式体验,阿里云全方位赋能阿里巴巴,帮助阿里巴巴探索更多元宇宙商业场景,同时也会为阿里巴巴提供足够强大的算力解决方案,确保阿里巴巴的虚拟世界可以正常运行。在这种强强联合战略的推动下,阿里巴巴的元宇宙布局会更深入。

除了电商,阿里巴巴还将元宇宙战略延伸到游戏、虚拟偶像等娱乐产业上。例如,阿里巴巴与元镜生生合作,不断加强云游戏服务建设;打造虚拟代言人千喵,积极创新营销方式;聘请 AYAYI 成为天猫超级品牌日数字主理人,拓展元宇宙应用场景等。

通过阿里巴巴的元宇宙布局不难看出,借助各种先进技术,元宇宙将催生出更多新图景、新业态。当越来越多像阿里巴巴这种元宇宙佼佼者出现,真正的元宇宙时代就会来临。

11.3.2 京东：描绘元宇宙中的小家电

扎克伯格曾经说过："互联网的下一个篇章就是元宇宙"。就目前的情况来看，这种观点不无道理。从 Facebook 改名为 Meta，到柳夜熙等虚拟数字人受到广泛关注，元宇宙一路从科技圈、艺术圈火到了营销圈。例如，2021 年 11 月，京东就抓住了元宇宙这个大热点，在"双 11"期间上线名为"超 NEW 元宇宙"的影片，受到广大消费者欢迎。

"超 NEW 元宇宙"以优质小家电为核心，为消费者描绘出一幅梦幻的元宇宙蓝图。在营销圈竞争激烈的情况下，京东推出"超 NEW 元宇宙"的创意影片，不失为一个很不错的营销突破之举。此外，为了优化营销效果，京东充分发挥小家电的价值，借势潮流概念元宇宙，提炼出"小家电，超有新"的营销主题。

这一营销主题不仅可以满足消费者对未来生活的向往，激发消费者的购物欲望，还可以借助元宇宙吸引消费者的注意力。而且更重要的是，这个营销主题也体现了京东希望引领小家电新趋势的品牌理念。

在影片"超 NEW 元宇宙"中，京东打造了一个亦梦亦幻的虚拟场景，借助元宇宙带领消费者探索新奇好物，如能流下瀑布的加热净水器、让人们倍感轻松的颈椎按摩器、低糖电饭煲、和自动贩卖机相似的免洗破壁机、清洁车一般的洗地机等，让消费者充分感受到小家电的革新之处和生活的温馨与美好。

京东借助元宇宙与消费者建立了情感连接，将产品和品牌根植到消费者的心智中，成功在"双 11"期间吸引了消费者。并且元宇宙也让京东有了一定的品

牌差异度和记忆度，从而大幅度提升消费者对京东的好感度，使京东的品牌势能进一步提升。

在虚拟与现实融合的世界里，曾经不太受消费者关注的小家电，开创性地让消费者感受到元宇宙时代的生活新体验。在这个过程中，京东建立了差异化的品牌形象，真正实现了流量裂变，成为消费者在"双 11"期间购买小家电的首选电商平台。

第12章

元宇宙+教育：放飞教育新想象

长久以来，教育模式始终随着技术的发展而迭代，而在元宇宙发展的大势之下，教育又将发生怎样的变革？在元宇宙的助力下，不仅教学场景将迎来翻天覆地的变化，教学内容也将更加充满想象力，为师生带来全新体验。

12.1　元宇宙教育落地有迹可循

在元宇宙概念未爆发之前，VR教育已经有所普及，已经出现沉浸式教学场景，这为元宇宙教育的落地提供了基础。同时，在日常应用中，VR教学工具往往作为教学辅助工具而存在，而随着元宇宙的发展和技术的不断迭代，体验更加真实、内容更加丰富的沉浸式教育将得到突破性发展。

12.1.1 提供基础：VR 教育打开教育新"视"界

目前在教育行业中元宇宙最为广泛的应用是 VR 教育。随着数字化时代的到来，手机、电脑等带来的不仅有好处，同时还有一些负面的影响，特别是对于学生来说，大量的碎片化信息会严重分散他们的注意力，导致学习的时候难以集中注意力去接收新知识，也无法很好地思考、运用知识。

相关研究证明，如果在教育过程中能够引入虚拟现实的情境，学生注意力分散的情况将会得到很好的改善。通过引入 VR 技术及相关设备，教室中的环境及教师所教授的内容会富有沉浸感，还可以实现跨越空间的互动，极大增强了教学的趣味性，激发学生们的兴趣。

例如，在北京某所中学的化学课堂上，学生们戴着 VR 眼镜上课。利用虚拟现实技术，无法用肉眼和显微镜观察到的原子和分子结构被完整、立体地展现在了学生的眼前。课本上所叙述的知识不再是枯燥、抽象的理论阐述，而是沉浸式的直观体验。

除了能够很好地集中课堂上学生的注意力，VR 教育还能够应用在职业教育中。虚拟现实技术能够 1∶1 还原真实环境，既能实现与实际场景操作完全一致的目的，又能够减小投入成本，同时还能够避免意外的发生。

例如，通过 VR 教育培养学生的电焊技能，既节约了电焊材料，又保证学生在实操过程中不会受伤。

在平衡各地区教育资源问题上，VR 教育也做出了巨大的贡献。很多地区的学校由于教育资源不发达，学生无法享受到多姿多彩的课堂生活。VR 教育可以让这些学生在自己的教室中就接受到各个地区、国家的教师教学。

VR 与传统教学的结合，能够解决诸多存在的痛点，它在教育领域还有着巨大的成长空间。虚拟现实技术对教学的赋能，能够让学生享受到沉浸式、可交互的学习体验，以往受限于时间和空间限制的知识和场景也能够一一展现。

当然，如何规范使用 VR 教育设备、如何应对虚拟世界与现实世界的融合、如何平衡教师讲课与 VR 设备教学的使用比例等问题，也都亟需新的解决方案。相信随着技术的发展，政策的不断完善，VR 教育发展也会日趋成熟。未来，VR 教育将会为传统教育行业带来更大的惊喜。

12.1.2　体验升级：元宇宙突破 VR 教育屏障

随着元宇宙相关技术的成熟，元宇宙在教育领域的应用已经不只是简单的 VR 教育。元宇宙集成了多种先进技术，突破了单一虚拟现实技术的屏障，为教育领域带来新一轮的发展。

（1）元宇宙为教育环境赋能

传统的 VR 教育只能够利用虚拟现实技术实现跨空间、时间的可交互沉浸式体验。而由元宇宙赋能的教育环境则集多种先进数字化技术于一体，突破单一虚拟现实技术的应用局限，完美实现虚拟与现实世界的融合，做到真正的技术有效应用。

例如，元宇宙能够拓宽教室内的教学环境，解除学生在现实世界的束缚，使"人—人"的互动变为"环境—人"的互动。在未来，学生在元宇宙中的一切学习记录都可以追根溯源，作为学习的记录与评价的依据。

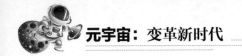
（2）元宇宙提供个性化学习条件

元宇宙相关的技术包括但不限于虚拟现实、增强现实、混合现实、大数据、区块链等数字化技术。正是因为有了这些技术，元宇宙才能够在课堂内提供多种多样的教学条件，满足不同学生的不同教学需求。

除此之外，元宇宙相关技术还能够满足学生视觉、触觉、听觉等全方位的需求，甚至包括情感需求，还能够为学生的学习和研究提供探索工具，让学生由一般的广度学习变为自主探索的深度学习。

（3）元宇宙构建全新教育评价体系

大数据、区块链等技术的集成，让元宇宙能够解决在教学过程中无法连续、全面收集学生学习数据的痛点，并以此建立起一个全新的教育评价体系，摒弃传统的仅以分数为评价依据的做法，转向对学生的综合素质评价。

12.2　打破界限，传统教学更立体

以往的教学模式，往往是教师根据教案讲解教材中内容，学生学习的大部分内容都来自教师口述，教学模式较为单一。而随着元宇宙与教育的融合，多方面变革将逐步发生，传统教育模式、传统教育的界限将被打破。

12.2.1　教学场景重构，打造沉浸式教育空间

元宇宙对教育的赋能最显著的优势之一在于能够重构教学场景，打造沉浸式教育空间。简单来说，通过利用元宇宙的相关技术，教学场景将由传统的教室扩展到更大的生活场景或科幻场景，例如通过 VR、AR 等技术和设备，学生坐在教室中就可以遨游太空。

打造沉浸式教育空间，主要采用虚拟重现和虚实结合两种技术方法。

（1）虚拟重现

虚拟重现主要使用数字孪生和全景拍摄技术。利用全景拍摄技术拍摄教学所需的各种现实场景，例如自然风景、人文风光等，然后利用数字孪生技术在数字化空间进行 1∶1 还原重构。学生和教师在教室中通过使用 VR/AR 终端设备就能够全方位体验多模态的教学环境延展场景，享受沉浸式教学体验。例如，需要研究罗马的建筑风格的中国建筑专业学生，借助虚拟重现技术，可以实现足不出户来到罗马，考察罗马建筑。

（2）虚实结合

虚实结合在虚拟重现的基础上采用大数据、空间锚点、云存储等技术，不仅能够 1∶1 还原重构现实中的场景，还能够通过 AI 技术，将现实中不存在的场景或物体还原重现，与现实世界进行有机结合，打造沉浸式虚拟教学情境。例如，

天文专业的学生需要学习月球的相关知识，通过虚实结合技术，他们坐在教室中就能够来到月球进行考察，彻底打破时空的限制。虚拟教学资源与真实教室场景的结合，方便了教学活动的开展。

教师在基于虚拟重现、虚实结合等技术打造的沉浸式教学空间里，能够对学生进行更加个性化、更加真实的教学辅导，学生也可以在沉浸式体验中不断培养自己的兴趣爱好，巩固已有的知识，主动学习全新的技能。除了在普通的教育环境中重构教学场景，沉浸式教学空间还可以在职业培训和特殊教育等教育环境中发挥作用，例如在驾驶技能培训中，学员能够在保证安全的前提下，预览不同突发危险状况，做出相应的操作。而在特殊教育当中，沉浸式教学空间能够针对不同情况的学生在人际交往、语言表达等方面重构结构化社交场景，帮助他们提升能力与自信，更好地融入现实社会。

12.2.2　教学主体重构：以虚拟化身进行学习活动

元宇宙重构教学主体，让师生以虚拟化身的形式进行学习活动，主要有虚拟仿真和虚实互动两种方法。

（1）虚拟仿真

元宇宙重构的沉浸式教学场景能够模拟自然规律、历史发展等动态进程，师生能够在多模态的教学场景中实现与各种资源的互动。通过大数据、AI 等技术，师生能够在数字化空间中以虚拟化身的形象进行沉浸式学习和探索，他们被赋予了与现实世界几乎一样的视觉、听觉、触觉等感官知觉。如果只有沉浸式教学场景，例如研究一朵花的特征，只能够看到却不能够嗅到它的味道，也不能称作沉浸式教学体验。

（2）虚实互动

由于虚实结合所重构的教学场景，虚拟世界与现实世界之间的界限逐渐模糊。在教学过程中，教师和学生不仅有彼此互动的需求，也有与周围虚拟现实环境互动的需求。在 AI、VR、AR 等技术的支持下，教师和学生在虚拟现实场景中的虚实互动已经逐渐成为现实。

例如，印度的某大学曾举办了一场虚拟现实毕业典礼。通过 VR 头盔、手柄等设备，每位毕业生都化身为自己的虚拟形象，从校长的虚拟形象的手中接过自己的学位证书，并与之微笑合影。

师生能够将自己的所思所想在重构的教学空间中转化为具体的动作。例如，医学专业的学生可以利用这项功能亲自体会到做手术的感觉，能够改变手术室灯光、器具等教具的位置，还可以与周围的同学进行互动。通过虚实互动，元宇宙教学空间才不仅仅是一个沉浸式的箱子，它才能够真正地活过来。

在未来，生物技术与元宇宙的进一步融合也将为教育主体的重构做出进一步的贡献。例如脑机接口技术和多感官传感技术，能够让师生的虚拟化身在沉浸式教学空间中互动。师生甚至可以利用现实教室中的物体和虚拟教学场景中的道具，根据教学要求，自主打造更符合教学主题的场景，发挥自身的创造力。此外，师生还可以坐在教室中就在不同的虚拟世界中自由转换，既能够穿越历史，也能

够造访未来。

12.2.3 教育与游戏结合，丰富教学体验

技术的迭代不仅会带来教学设施的迭代，也会带来教学思维的改变。如今的学生从小便生活在信息碎片化、娱乐化的环境中，其思维也更加活跃、更加富有创造力。传统的教学方法，例如单纯地朗读课文、默写单词等，已经无法让学生集中注意力。强制性地让学生遵守已经过时的教条，得到的结果只会适得其反。

如今的教育行业，将教学过程与游戏进行适当的结合，既可以让学生学到知识，又能够让他们享受学习过程；同时，在沉浸式教学场景中，教师也能够更加自由地针对每位同学的特点设计相应的教学方法，真正做到个性化教学。使用这些设备所展示的虚拟现实场景和可互动的操作，本身就是一种游戏。

最先利用元宇宙将教育与游戏相结合的是幼儿教育领域。年纪较小的幼儿很难像十几岁的学生一样长时间地集中自己的注意力，这一阶段的幼儿活泼好动，很难理解抽象概念。利用 VR、AR 等技术，可以将抽象的文字、数字和概念用更加具体、直观的具象化动态图像表现出来。通过让幼儿玩游戏，达到寓教于乐的效果。

例如，为幼儿讲解恐龙的相关知识，传统的屏幕展示与图画介绍无法让他们真正了解恐龙的大小、叫声、习性等。若采用 VR 设备，幼儿可以更加直观地了解恐龙的相关知识。

实际上，教育与游戏相结合这一方法很久以前就被提出并且一直在实行。例如有声图画书、英文儿歌光碟等。而到了元宇宙时代，传统的游戏与教育相结合已经无法再满足学生越来越高的要求，利用 VR、AR、AI、大数据等相关技术为学生们打造沉浸式教学场景，实现虚拟现实互动，化静态为动态，才是真正满足学生个性化发展需求，丰富教学体验的最佳选择。

12.3　企业入局：加速元宇宙教育发展

技术是元宇宙教育发展的引擎。看到教育领域存在的元宇宙商机后，许多企业纷纷以技术入局，以新产品提供多样的教育内容。

12.3.1　慧科：多方合作，打造元宇宙教育体验中心

2022 年 3 月，慧科集团与中国教育创新校企联盟、元宇宙教育实验室等机构共同举办了元宇宙点燃教育创新论坛开幕式。在开幕式上，慧科集团为了推动元宇宙与教育领域的互相促进与融合而建立的慧科元宇宙教育体验中心正式揭幕。

慧科集团的董事长认为，如今没有人能够说清楚教育元宇宙究竟该如何开启，因此慧科要打造一个体验中心，让元宇宙相关技术人员和教育一线人员共同参与其中，推动教育元宇宙的落地，为后续的发展打下基础。

慧科元宇宙教育体验中心占地约 700 平方米，内部利用数字孪生、人机交互、大数据、AI、VR 等技术，打造了沉浸式虚拟现实场景和可互动式操作空间，为前来体验的用户带来视觉、听觉和触觉的沉浸式体验。为了保证用户在享受乐趣的同时还能够学习到有用的知识技能，该体验中心所展示的内容都是由教育领域的专业人员进行筛选和考察过的内容，并且其内容多种多样，例如艺术、科学、计算机等各个领域均有所涉及。该体验中心花费近 500 万元，希望为前来体验的用户和想要投身教育元宇宙建设的人带来最直观的体验。

慧科集团认为元宇宙与教育的融合基于 6 个视角：沉浸感、交互性、构想性、教育内容、知识提炼以及智能分析。只有从这 6 个方向入手，才能够建立起教育元宇宙的基石。其中，慧科集团将 AI、区块链、数字孪生、云计算、5G 和用户体验这 6 点作为重点应用技术，只有掌握好这些核心技术，才能够打好基石。

慧科集团打造元宇宙教育体验中心的目的在于通过教育模式的迭代，提升高校的教学质量，培养出全方位、高复合能力、高素养的人才。目前，慧科元宇宙教育体验中心正在公开征集 20 所高校，希望能在校内共同打造教育元宇宙的试点。

12.3.2　Roblox：游戏化的教育培训

2021 年，知名游戏公司 Roblox 宣布将投资 1000 万美元，打造 3 款教育培训类元宇宙游戏，分别面对初中、高中和大学学生人群。

在 Roblox 的初步设想中，这 3 款游戏的目标不同：一个负责教授学生智能机械、机器人方向的知识技术；一个帮助学生实现探索宇宙的目标；最后一个专注于帮助大学生认识并探讨计算机、工程、生物医学等职业方向的概念和内容。这些游戏的内容主要由科学博物馆和非营利组织开发，有专业的教育人员保证游戏内容中相关知识的专业性。

实际上早在2019年，Roblox就与腾讯合作，成立合资公司，希望通过寓教于乐的方式，让更多人通过玩游戏对编程、科学等方面产生兴趣，进而成为计算机、科学等领域的优秀人才。

Roblox在元宇宙游戏领域深耕多年，如今正试图进入元宇宙教育领域，打造教育元宇宙，实现游戏与教育的互相促进。而Roblox作为一个开放的元宇宙平台，用户可以在上面自行编写游戏内容，并获取相应的报酬。

例如，某位年轻的Roblox玩家在13岁接触到Roblox。正是有了在这个元宇宙游戏平台上玩游戏的经历，促使他对游戏编程产生了浓厚的兴趣。没过几年，他便自己编写了一款校园游戏，月收入达到了10万美元。而后，他更是成立了自己的工作室。通过玩游戏，他获得了有益的知识，并将其作为自己的职业。还有很多教师，为了鼓励学生学习新知识，对化学、物理等学科内容产生兴趣，在Roblox上编写了许多有趣的科学游戏，让学生在玩游戏的过程中就能够轻松记住相关知识。

Roblox通过VR技术，为学生打造沉浸式学习体验场景、可互动式操作，同时学习氛围轻松愉快，学生既是学生，又是玩家。在学校教学课堂中引入这一方法，能够让课堂氛围更加活泼，牢牢吸引学生注意力和提高学习热情，以玩促学，实现真正的寓教于乐。

12.3.3　Invact Metaversity：3D 沉浸式虚拟学习平台

Invact Metaversity 是一家为全球学生提供沉浸式虚拟学习体验的元宇宙教育公司。它打造了一款 3D 沉浸式虚拟学习平台，将现代教育与元宇宙结合起来，打造教育元宇宙。

Invact Metaversity 的目标是打造全球首个 3D 沉浸式虚拟学习平台。在这个平台中，学生以虚拟形象进行交流，老师与老师、学生与学生、学生与老师之间可以做到自由、无障碍的沟通。不需要考虑各自所处的地理位置，甚至能够做到跨国沟通，不会因为语言的问题造成困扰。

而在 Invact Metaversity 中的虚拟现实学习场景也不仅仅局限在教室当中，无论是地球上的自然风光还是宇宙中的星系，学生们都能够在其中漫步、探索。这样的场景和可互动操作极大地增强了学生学习的沉浸式体验感受，促进了学生之间的交流与学习。

此外，Invact Metaversity 还设立了一个单独的社区，所有在平台中学习的成员都可以加入对应的社区，并在里面有自己的虚拟动画形象，像现实世界中的社区一样。

Invact Metaversity 的负责人认为，随着时代的发展，曾经昂贵的 VR、AR 等设备已经逐渐走近大众，这些硬件设备的功能也日趋完善。同时，成长在数字化时代的新一代学生也迫切需要改变传统教育的教学方式，改变原有的刻板教学思维。内部、外部条件都已经发展成熟，现在正是开启教育元宇宙的黄金时期。

　　目前，Invact Metaversity 试行开放了为期 16 周的 MBA 课程，第 1 期已经于 2022 年 5 月 12 日正式开课。此次沉浸式虚拟学习课程结束后，Invact Metaversity 的合作伙伴，例如微软、谷歌、推特等知名互联网企业将为这些学生提供营销、编程、金融等方向的岗位工作。

第三篇

元宇宙的未来前景

第13章

元宇宙技术与应用的未来发展

元宇宙的形成和发展依赖于技术的进步。未来，在技术不断迭代的推动下，元宇宙所能实现的各项功能也将更加智能，为用户带来更好体验。同时，依托于新技术，元宇宙也将在未来创造出更多新场景，不断推动现实世界与虚拟世界的融合。

13.1　多技术迭代，融合虚拟与现实

未来，支撑元宇宙的多种技术将在不断迭代中推动元宇宙智能化发展，当前难以实现的种种未来描绘也将变成现实。此外，在当前元宇宙核心技术迭代的基础上，还会出现一些新的技术，同样成为推动元宇宙发展的重要力量。

13.1.1　去中心化网络协议成为主流

传统的互联网时代主要经历了两个阶段：开放式协议阶段和中心化阶段。如今的大部分互联网企业都是中心化平台的构建者，例如谷歌、推特等。中心化平台能够为广大用户带来更为便捷的服务。但是，随着中心化程度的不断加深，用户的数据隐私泄露、各种难辨真伪的新闻等问题不断困扰着用户。而一些初创公司也难以抵挡巨头的压力，纷纷退出竞争，互联网行业久而久之就会难以泛起波澜。

到了元宇宙的时代，为了解决这些痛点，去中心化网络协议将会成为主流。若想达成去中心化的效果，第一步就是要从中心化平台手中收回用户的个人数据。目前往往通过采用加密网络这一方法实现。

首先，加密网络具有很强的鲁棒性，可以保存用户当前的使用状态，并且在这个状态上能够随意变换。

其次，加密网络是中立的。它既不会偏向用户，也不会偏向平台，对于互联网初创公司较为友好。参与者与加密网络达成的协议由开源代码强制执行，参与者既可以通过代码协议对加密网络的管理提出建议，维护加密网络内部的管理机制，又可以在对该网络感到不满的时候选择退出该加密网络，其数据隐私等均会随之退出，不会在平台保留。

最后，除了利用开源代码强制执行用户指令，加密网络还能够将各参与者团结起来，共同监管元宇宙中去中心化网络协议的施行。

13.1.2　智能、易用的引擎为更多创作者提供工具

仅仅依靠互联网企业及相关专业人员并不能完整地构建出元宇宙的全貌,每一位普通人实际上都是元宇宙的构建者。为了丰富元宇宙的创作内容,创作者需要更多智能、简单的引擎帮助自己进行创作。

例如以前的建筑工人单纯依靠梯子和人力建造房屋,而如今的建筑工人可以利用各种工具和设备建造出各式各样的高楼大厦。技术的迭代也必然会带来创作引擎的优化,创作引擎的优化会丰富整个元宇宙的内容,加快元宇宙落地。

以火山引擎为例,火山引擎为创作者准备了一套智能体验套件。通过这个套件,在保证运行低消耗、创作内容个性化的前提下,创作者能够轻松地在电商平台、短视频平台中,创作出高自由度的内容。

火山引擎智能体验套件的核心技术层是它的 AI 中台。该 AI 中台涵盖了有关音频、视频等 8 项底层技术,能够为用户提供智能剪辑、智能色彩渲染、智能语音优化等多重功能,满足用户不同需求。

火山引擎智能体验套件的上层是一套完整的解决方案,包含算法、服务、协议、技术等多个方面,适用范围极广。无论是娱乐行业还是金融领域,是电商销售还是代码编写,只要有创作有内容的短视频或构建一个智能直播场景的需求,都可以采用火山引擎智能体验套件进行搭建。

除了利用 AI 中台创作各种内容,火山引擎还引入了 AR、MR 等技术,增强虚拟现实的融合度,突破二者之间的界限,让用户创作出更为有趣的内容。

13.1.3　跨链技术发展，实现区块链广泛互联

当前，随着区块链技术的发展，形成了具有不同特性、应用于不同场景的区块链网络。但是，由于不同区块链网络的封闭性和链与链之间的异构化，不同区块链网络间难以实现数据流通和价值转移。

基于这一背景，跨链技术应运而生。跨链指的是通过特定的技术手段，使价值跨过链与链之间的屏障实现交互，助力不同区块链之间的资产流通。

跨链技术是推动区块链大范围落地运用的强力助推剂，更是元宇宙实现大范围扩展的核心技术。凭借跨链技术，不同的区块链网络才能够实现互联和价值交换，在保证数据精准性的同时实现价值双向流通。

具体而言，跨链的优势主要体现在以下两个方面。一方面，跨链技术可以突破公链的性能和功能瓶颈。通过跨链技术，将公链中的部分任务转移到侧链或者链下，提升区块链网络的性能。同时，在使用某些创新功能时，也可以率先在侧链中进行实验，以保证公链的安全性。另一方面，跨链技术可以实现不同区块链网络间的相互操作，实现跨链支付、去中心化交易、跨链数据交互等。

当前，已经有一些企业在这方面做出了尝试，实现了数字艺术品的跨链交易。例如，搜云科技就推出了一体化数字艺术品（Integrated Digital Art，简称 IDA）解决方案，解决不同区块链网络间的交易问题。

发行机构可以通过搜云科技旗下的 IP.PUB 数字艺术品登记服务平台，在区块链服务网络中生成与实物相对应的数字凭证。IDA 的数字凭证在开放联盟链

"文昌链"中发行，通过实名制方式保证每一个数字艺术品的数字凭证和流转过程清晰可溯源。

当 IDA 进行全球销售时，其数字凭证可以通过文昌链实现跨链传递，实现价值在全球范围内的流转。由此，荣宝斋出品的多幅现代艺术家的限量复制精品得以以 IDA 形式进行发售，首批 IDA 交易额接近 10 万美元。

总之，跨链技术已经成为构建更广泛价值网络的核心技术，也将成为元宇宙产业多场景融合发展的引擎。随着跨链技术的发展，未来将形成多链互联的区块链生态圈，实现除交易外的更多功能，从场景、功能联合方面为元宇宙的发展奠基。在未来万链互联的时代，各种元宇宙应用也得以从分散走向联合，建立边界更广的元宇宙世界。

13.1.4　3D 全息投影推动现实世界虚拟化

3D 全息投影是近年兴起的一种投影技术，与传统的 2D 投影简单将图像投射到平面幕布上不同，3D 全息投影利用光的干涉原理记录下物体的 3D 立体图像，再通过光的衍射原理将其立体影像投射到空间当中。

而与传统的 3D 投影技术相比，3D 全息投影技术主要具有以下 4 个方面的优势。

① 观众无须佩戴相关设备即可用肉眼直接观察到虚拟人物或物体的立体影像。

② 3D 全息投影技术不会受到传统技术的限制，声音、灯光等效果都会对传

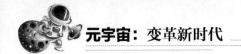

统 3D 投影的效果造成很大的影响。

③ 3D 全息投影的影像立体感很强，能够让观众全方位观赏并且投射出的影像画质清晰、色彩鲜艳，具有很强的感染力。

④ 3D 全息投影不会被场所空间限制，即使在狭小的空间也能够实现多角度的立体投影。

3D 全息投影技术是推动虚拟世界与现实世界加速融合的助推剂，也是实现元宇宙加快落地的重要技术之一。对于大众来说，必须通过佩戴 VR 设备才能够体验到的虚拟世界并不算真正的元宇宙，只有凭借 3D 全息投影技术，将虚拟世界与现实世界互联，做到真实互动，才算元宇宙走入现实世界的第一步。

正是基于以上原因，人们才普遍认为 3D 全息投影能够打破时间与空间的隔阂，推动现实世界虚拟化发展进程。

目前，已有很多行业开始采用 3D 全息投影技术。例如，传统的舞台通常使用简单的舞台灯光变换、大屏幕背景切换和干冰制造雾气来营造氛围，而采用了 3D 全息投影技术的舞台，不仅可以将不在现场的实体物品投射到舞台现场，还可以投射虚拟物品，甚至是虚拟人物与现实世界的歌手同台互动。知名虚拟歌姬洛天依的现场舞台就是由 3D 全息投影技术完成的。

13.1.5 XR+多维传感，提升虚拟交互真实感

XR 指的是扩展现实，扩展现实是指利用计算机、互联网和相应的穿戴设备，产生一个真实世界与虚拟世界互相融合、可进行人机交互的沉浸式环境。相较于

人们耳熟能详的 VR、AR 等技术，XR 的功能更加强大，因为它包含了 AR、VR、MR 等多项技术层次，是一种综合性技术。

多维传感指的是通过设备收集人体产生的多维度变化，例如心率变化、打冷战、毛孔收缩等，将其反馈到相应的设备中，以此对人体进行分析，并判断下一步的动向。这些设备就是多维传感器，目前微软等企业正试图将多维传感技术应用到智能手机或手表当中。

在元宇宙落地的过程中，XR 和多维传感的应用至关重要。XR 被称作未来交互的终极形态，它能够利用计算机技术模拟虚拟环境，为用户带来逼真的视觉效果，并且还能够运用多媒体、3D 建模、实时动作追踪等技术，将虚拟世界中的信息仿真后投射到真实世界当中，增强真实世界的虚拟感，也增强虚拟世界的真实感。

而多维传感能够将 XR 可交互操作的功能进一步升级，精准捕捉到每一个细微动作，从而为用户带来更真实的交互感觉。例如，处理人体生物电路的多维传感器能够通过分析计算用户血液动力学的值来判断用户当前的情绪以及身体的动作，进而在虚拟现实情境中给出进一步的交互反馈。

未来，XR 和多维传感技术能够构建出虚拟现实融合、人机真实交互的沉浸式环境，通过多维传感器让用户在虚拟环境中也拥有视觉、听觉和触觉，并能与环境进行交互，提升虚拟交互的真实感。

13.1.6　AI 升级，助力元宇宙智慧化建设

AI 能够有效拉近元宇宙与现实世界的距离，并助力元宇宙智慧化建设。具

体来说，AI 的优势主要有两个方面。其一是能够进行重复性工作。AI 不需要休息，在完成任务之前它会始终工作。因此，在建设智慧元宇宙时，例如编写批量代码，AI 将会大大加快其完成速度。其二，AI 能够进行各种危险工作，并且减少犯错误的次数，例如需要火山内部岩浆数据、对纳米级样本进行数据分析等，都可以凭借 AI 完成。

AI 作为元宇宙智慧化建设的强大助力，不仅能够让元宇宙的构建更加智慧，也能够通过与其他领域的结合，催生出更多工作岗位，拉动数字化经济增长。例如在教学辅导和职业培训等领域，以 AI 技术为核心的智能教学正在成为主流。智能批改作业、沉浸式可互动技能训练等功能既解放了老师，让老师得以有更多精力投入到教学当中，又能够针对不同学生的教学需求提供个性化反馈，可谓一举两得。

AI 正带动整个元宇宙加速发展，从教育元宇宙、工业元宇宙到经济元宇宙等各个场景，AI 正在与其他技术结合，并逐渐渗透到人们的日常生活、学习当中。AI 升级，能够解决元宇宙不宜人、落地难等痛点，打造一个更加智能、更加便捷的元宇宙生态。

13.1.7　脑机接口：元宇宙的终极连接

脑机接口是所有人公认的元宇宙的终极连接形式。它是指在人体大脑和外部设备之间进行通信和控制连接，利用大脑中的脑信号的活动实现增强人体功能的效果。

在当前，人们对于元宇宙的探索还处于应用 VR、AR 等技术和设备的阶段。用户在元宇宙的虚拟现实情境中所做出的动作基本上都是预设好的，例如当用户在元宇宙中想要游过一条小河，即使在现实世界中已经做出了游泳的动作，但最终还是要按照设定通过桥走过小河。

而利用脑机接口，人们可以实现通过意念控制角色在元宇宙中的各种行为，真正实现自由交互。除了能够摆脱预设动作，脑机接口还能为人体的各种感官带来由虚拟世界反馈回来的感觉，触觉、嗅觉无须脑补，而是可以真实体会到的感觉，让脑信号的双向传输成为可能。

此外，由于技术的局限，很多 VR 设备会出现音画、视触不同步的问题，并且某些用户还会由于 VR 设备对耳部中庭、前庭的影响产生眩晕感，也就是人们俗称的"晕 3D"。而脑机接口的信号采用的是双向传输，完美解决了这个问题。

随着科技的进步，脑机接口将彻底打破现实世界与元宇宙间的壁垒，人类也能够真正实现居住在元宇宙的心愿。

13.2　新技术创造新场景

未来，在诸多新技术的推动下，更多的元宇宙应用将会出现，形成多样的元宇宙发展新场景。现实世界中的虚拟场景将会越来越多，虚拟世界也将走向融合，从两个方面丰富元宇宙的应用场景。

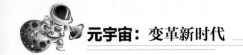

13.2.1　传统职业减少，数字化新兴职业崛起

各种前沿技术的迭代加速了元宇宙的落地，同时也催生了更多与数字化相关的新产业，为人们带来更多的职业选择。例如大数据分析师、AI 训练师、酒店收益管理师、捏脸师等，都是近年出现的新型数字化职业。

产业的升级必然会带来岗位的更迭。以曾经火爆的网络购物为例，由于互联网的飞速发展，人们足不出户就可以在家通过线上商城购买所需物品。线上店铺数量剧增，线下实体店铺数量却在逐渐减少。而后随着科技的发展，人们需求的变化，电商平台直播的销售模式逐渐成为主流，传统电商店主纷纷转型为直播主持人。到了元宇宙时代，人们坐在家中就能够在虚拟场景中实现沉浸式购物，将线上、线下购物相结合，又会掀起新一轮的购物模式转型，催生出新的数字化职业。

随着云计算、AI、5G、区块链等技术的发展，元宇宙将对所需人才类型提出新的要求。无论元宇宙是否能够在短期内完全落地，这个社会都将会需要越来越多的数字化人才。

13.2.2　元宇宙经济系统与现实广泛连通，创作者经济爆发

得益于元宇宙的去中心化以及区块链的应用普及，元宇宙用户的个人数据都将掌握在自己手中。在这个大前提下，当元宇宙的经济体系与现实世界相融合，

创作者经济将迎来爆发，在游戏元宇宙中，这一趋势极为突出。

以 Sandbox 为例，Sandbox 与 Roblox 一样，致力于让用户自己生产价值和内容。它为用户提供一个交流信息和发布作品的平台并且提供相应的工具，例如 Voxel Editor、Game Marker 等。

用户发布作品后，会获得相对应的 $SAND，即 Sandbox 中的代币。Sandbox 平台会在其中抽取少部分作为成本费用，其余大部分都归用户个人所有。而 $SAND 可以以一定汇率兑换现实世界中的货币。

目前，Sandbox 新推出一款名为 Alpha Pass 的沙盒游戏，用户可以在其中探索各种类型的元宇宙世界，并且还可以获得最多 1000 $SAND。根据最新统计，已经有超过 20 万的用户访问了 Alpha Pass，用户在其中交易的道具都是 Sandbox 元宇宙中的 NFT。

13.2.3　多平台互通，元宇宙平台从多元走向统一

元宇宙是指通过各种技术手段在现实世界的基础上建造一个永久存在、与现实世界平行的虚拟世界，现实人类可以以虚拟角色在虚拟世界中生活。一言以蔽之，元宇宙就是一个能够自己完整运转的超现实虚拟世界。

元宇宙的本质是互联网发展到新阶段的必然表现形式。万物皆可元宇宙意味着万物皆可互联共通。而当前由于技术的限制，元宇宙只能分平台落地，例如教育元宇宙、游戏元宇宙、工业元宇宙等。虽然这些平台的具体发展方向各不相同，但其最终都会由多元走向统一。

究其本质，是因为它们的基础实现条件都是对现实世界的模拟和还原，追求与现实世界的互通与双向反馈，同时它们的实现方式归根结底都是采用 VR、AR 等技术，通过制定各种去中心化协议来构建自身。

而在各个硬件平台的基础上，元宇宙还有一套自己的闭环经济系统。它将通过统一的代币维持元宇宙内的经济模式正常运转，驱动元宇宙不断向前发展，而元宇宙整体也将以开源的方式永久持续运行。

13.2.4　复刻现实世界+创新现实世界，元宇宙边界无限扩展

从表现形式及构建方式来看，元宇宙是建立在现实世界基础之上，通过 AR、VR、MR、区块链、大数据等底层技术建构的数字世界。因此，很多人认为元宇宙只是对现实世界的复刻，即元宇宙中的事物只能以现实世界中的事物为依据。但真实情况却并非如此。元宇宙不仅是对现实世界的复刻还原，它同时也在反作用于现实世界，创新现实世界的内涵。例如，由于元宇宙的兴起，催生出了现实世界中许多前所未有的行业及岗位。元宇宙的边界会随着人类活动的拓展以及科学技术的进步不断扩展，它是一个动态的空间。

首先，元宇宙在现实世界之外能够以数据为生产要素进行生产创作，不必局限于现实世界的时空约束。其次，依托于区块链底层技术，元宇宙中的创作者经济蓬勃发展，数据资产所有权归属于自己，社会经济模型处于运转良好的状态。最后，由于大数据、AI 等技术的应用，很多不存在于现实世界中的事物也能够存在于元宇宙当中，例如早已灭绝的恐龙、童话中的美人鱼等。

未来，元宇宙将从经济、身份和治理体系3个层面重构现存的社会形态。经济价值持续增量，用户身份更加自由，治理体系逐渐实现去中心化，元宇宙将成为人类居住和生活的理想世界。

第 14 章

元宇宙带来新机遇

元宇宙被公认为是互联网发展的下一阶段，在其发展的过程中将开启巨大的蓝海市场。以发展的目光来看，元宇宙中存在诸多创业机会与投资机会，将为企业带来发展的新机遇。

14.1　奇点时刻到来，元宇宙未来可期

当前，在技术发展、企业纷纷入局的背景下，元宇宙的发展已经到达一个奇点。元宇宙展现了未来数字社会的发展趋势，将一步步从萌芽走向成熟。

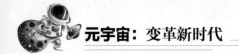

14.1.1　时代趋势：多重因素激活元宇宙

元宇宙的出现实际上是各种因素综合作用的结果，它的兴起是社会发展到一定进程时的必然趋势。

激活元宇宙的因素主要可以概括为以下 3 个原因。

① 科学技术的迭代

元宇宙的概念最早出现在一本小说中，距今已有几十年。但是受限于当时的科学技术水平，元宇宙只能够在电影及游戏当中出现。元宇宙的实现需要庞大的数据流量支持，同时对于设备也有着极高的要求，而 5G 的高速率、低时延等特性刚好能够满足这一需求。

此外，数字孪生、虚拟现实、增强现实和混合现实等技术的出现，能够将现实世界投射到虚拟世界当中，为人类带来沉浸式虚拟现实体验，打破现实与虚拟世界的隔阂。没有这些技术的支持，元宇宙就无法落地，它将始终是一个空想。

而区块链和去中心化协议的应用，为元宇宙的经济体系奠定了坚实的基础。没有统一的经济体系，也就不会有统一的元宇宙。

② 数字化进程的加速

由于近年来互联网的飞速发展，人们的日常生活、学习和工作等行为都已经离不开线上的数字空间，社交、购物等寄托着情感需求的行为也走向数字化。数字化对人们越来越重要，尤其是在经济模式当中，现实世界中的互联网已经从增量经济走向了存量经济，实体企业几乎不可能再达到最初收益成倍增长、成本成倍下降的模式。因此，很多企业都开始了数字化转型。

元宇宙是一片尚待开发的广阔蓝海市场。面对着扩大消费的需求，消费场景的增加也是必然趋势。

③ 外部偶发事件的催化

偶然因素也能影响必然事件发生的进程。2021 年是元宇宙的元年，同样也是全球抗疫的一年。疫情防控期间，很多企业实行居家办公政策，也因此出现了很多线上办公软件，例如 Zoom 等，这些线上办公软件与传统的钉钉、企业微信等不同，它们更倾向于为线上办公人员打造一个与线下办公场景相同的沉浸式虚拟现实空间。此外，还有一些企业选择在动物森友会、我的世界等元宇宙游戏中举行会议，这些都昭示着人们对于元宇宙落地的迫切需求。

有了具体的需求，也就有了改变的动力。因而，元宇宙在疫情防控期间能够实现加速发展。

14.1.2　梯次发展：元宇宙终将落地

随着技术的发展，元宇宙的布局日趋多元化。从游戏元宇宙到教育元宇宙，从工业元宇宙到办公元宇宙，元宇宙的概念和内涵的边界在不断扩大。而元宇宙作为人类设想的能够在其中生活、平行于现实世界的虚拟世界，将在一定程度上重塑当前的经济模式、管理理念，丰富人类的文化内涵。

虽然由于技术等原因的限制，元宇宙在短期内无法实现完全落地，但是它依旧能够为当前的各种行业痛点带来新的解决方案，为传统行业进行赋能。元宇宙将经过以下 3 个阶段的梯次发展，实现最终落地。

① 抓住痛点，解构需求

元宇宙作为近年兴起的概念，当前各行业的需求是它发展的最大动力。解构行业的真实需求，抓住其所面对的真实痛点，既能够有效解决行业的发展问题，又能够反过来促进元宇宙相关技术的迭代优化。

例如制造业等传统工业发展往往受限于生产线的智能水平，难以提高其生产效率，降低其生产成本。而数字化技术能够针对传统生产线上的生产设备不够智能这一痛点，发挥其优势，利用 AI、数字孪生等技术，持续优化生产线，实现企业的数字化转型，达成降本增效的目标。而企业也会对数字化技术提出更高的要求，带动数字化底层技术的进步，助力元宇宙的落地。

② 结合场景，重塑模式

经过一段时期的发展，元宇宙与各行业的应用场景结合得更加紧密。大数据、区块链、数字孪生等底层技术发展得也更为成熟。在此基础之上，元宇宙发展到了第 2 阶段，即重塑行业的场景模式。

例如，在传统教育领域中，教学模式通常是老师在讲台上讲课，学生坐在下面听课，学生课后完成作业，老师负责批改作业。而在元宇宙中的教育行业将重塑上述教学过程，通过引入 AI 老师、沉浸式教学场景、可互动人机交互等技术，满足学生个性化成长需求，使老师更有精力优化整个教学流程。

③ 颠覆传统，迎接变革

当元宇宙的发展度过第 2 个阶段，它不仅与各行业深度融合在一起，还催生出了许多前所未有的新生职业。而元宇宙去中心化、虚实结合的特点也将伴随这些职业影响人们的日常生活，颠覆传统的生产、生活方式，带来新一轮的变革。

例如，智慧化城市概念的提出。原本的大数据算力和传输速度、时延等需求无法满足智慧化城市的需求，而元宇宙相关技术的发展则能够解决这一问题。此外，元宇宙是一个虚实结合的数字化空间，元宇宙中的各种现实、虚拟角色是共存的，如何管理这些现实社会不存在的复杂关系，以及如何面对元宇宙与道德观念、法律条款之间的矛盾，都将迎来巨大的变革。

14.2　元宇宙中的创业机会

任何新市场中都会存在大量的创业机会，元宇宙市场同样如此。对于创业者而言，怎样挖掘元宇宙市场中的红利？在聚焦用户需求的基础上，创业者还需要关注关键技术与新的商业模式，以求在市场中站稳脚跟。

14.2.1　底层逻辑：聚焦用户需求研发产品

在传统的市场中，底层逻辑以产品为导向，不管用户是否有需求，都可以生产产品。而随着时代的变化，在互联网时代，是以用户需求为导向的，元宇宙市场也将继续沿用这一规律，聚焦用户需求，捕捉需求痛点，研发出能够真正满足用户需求的产品。

用户需求是指通过对目标群体的观察走访，能够提炼出该群体的核心特征和用户场景，而产生核心特征和用户场景的原因就是实际的用户需求。但是在实践过程中，用户的真实需求往往会被表面现象所掩盖，例如妈妈认为婴儿的啼哭是

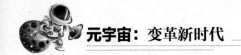

因为饥饿，但是在进食之后啼哭依然没有止住，而在妈妈为婴儿换过纸尿裤之后，婴儿止住了啼哭。在这个过程中，婴儿的真实需求是换纸尿裤，但是妈妈却并没有发现，反而被啼哭的行为所迷惑。

在元宇宙市场当中，也同样存在这样的问题。因此，若想在元宇宙市场当中获得成功，必须要抓住用户的真实需求，解决其需求痛点。

首先，创业者要找准目标用户，才能够细分用户需求，决定企业的产品方向。例如，如果创业者想要在元宇宙游戏领域创业，那么他就要细分游戏玩家群体，明确想要针对的群体年龄、性别等特征。例如，年轻女性与年长男性的所玩的游戏类型及游戏方式完全不同。

其次，创业者要辨别目标用户的真伪需求，只有满足用户的真正需求才能够切实解决需求痛点，企业才能够持续优化产品，维持企业运转。例如，创业者将目标用户定位于年轻女性，经过调查发现，年轻女性游戏玩家更喜欢休闲类游戏，而休闲类游戏对于可互动式操作和沉浸式场景的要求都较高。而之所以有这些要求，是因为目标用户想要拥有良好的游戏体验，在游戏中能够放松身心，这就是用户的真实需求。因此，创业者在产品生产过程中，可以将产品的侧重点偏向于VR、AR和传感功能的优化上。

最后，创业者要持续跟进目标用户，不断优化产品。需求是动态变化的，产品也要以此做出调整。例如创业者能够针对目标用户的需求，不断调整VR设备的舒适度，优化VR技术，持续满足目标用户的需求。

14.2.2　聚焦技术变革，以新技术抓住元宇宙风口

元宇宙无疑是当前最火的概念，而它也真实地催生出了许多新职业。那么作为创业者又该如何抓住元宇宙的风口，开拓元宇宙市场的蓝海呢？除了聚焦用户需求以外，创业者还需要关注技术变革，保证自己所掌握的技术处于前沿阶段，才能够牢牢抓住元宇宙风口，一飞冲天。

技术变革主要关注 3 个方面。

① 虚拟现实与人机交互技术

元宇宙的接入口当前所用技术为 VR、AR 等，但这些并不足以满足可交互的沉浸式虚拟现实场景的需求。因此，3D 全息投影、XR、多维传感和脑机接口等技术相继问世。如果想要普及元宇宙，那么就要降低进入元宇宙的门槛，突破现有的交互技术的局限。创业者若是能抓住其中的关键，例如如何降低设备成本、如何优化设备性能，就能够开拓广阔的市场。

在元宇宙当中，各个领域对数字孪生、3D 建模等技术的要求也不尽相同。例如元宇宙教育、元宇宙工业、元宇宙文旅等领域对这些技术需求的侧重点有很大的区别。因此，创业者也要把握需求差异化所带来的机会。

②元宇宙平台统一技术

当前元宇宙并未实现整体落地，而是化为不同平台分阶段落地。但是元宇宙必然是一个开放的、去中心化的空间，元宇宙各个平台的统一是大势所趋。元宇宙的统一建立在区块链应用的基础上，区块链技术能够使数字内容资产化，使资产数字化，通过上链赋予 NFT 加密凭证，使其能够在元宇宙的各个平台进行流

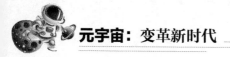

通，最终达到元宇宙平台的统一。

但是，现有的区块链技术水平还远远达不到使元宇宙真正实现互联互通。如果想达到统一的程度，它需要做更底层的设计，例如 web 中所需的 http、html 协议。如果创业者能够在其中突破某些细分技术，也能够在元宇宙市场占有一席之地。

③创作者工具

元宇宙的经济模型是让用户生产内容并由此获利。因此，创作者工具在元宇宙中拥有广阔的市场。创业者可以关注创作者工具领域，利用现有的技术搭建创作引擎，通过用户反馈反向作用于现有技术，推动技术变革。

元宇宙相关技术的变革并非一朝一夕能够完成，它始终在应用中迭代、优化，因此，创业者若想利用技术变革的机会抓住元宇宙市场的风口，就不能只关注技术本身，而是要将技术与虚拟现实场景和市场应用相结合。只有这样，技术变革才能够真正转化为驱动开拓元宇宙市场的动力引擎。

14.2.3　聚焦商业模式，瞄准细分创业项目

元宇宙市场会比当今的互联网市场更加繁荣，新技术与传统行业的结合会带来新的市场应用。网络购物、网络打车也曾被人认为是天方夜谭，但如今它们却是市场应用的主流。因此，元宇宙中的市场应用也会顺应市场规律，不断增加，其中也会有像淘宝、微信等应用一样的现象级产品。

在众多的市场应用当中，创业者要明确自己的创业方向，找准具体的创业项目，不要盲目从众。目前元宇宙的创业项目主要集中在虚拟偶像、UGC 社区等 3 个方向。

① 虚拟偶像

虚拟偶像源于二次元动漫作品。由于技术的进步，如今的虚拟偶像已经从平面 2D 的世界走入现实世界。初音未来、翎、花西子等虚拟偶像不断涌现，并像现实世界中的偶像一样，可以发布专辑、承接商业代言、进行直播等。

虚拟偶像的突破离不开全息技术的支持，也离不开虚拟现实、增强现实、混合现实等技术的迭代。虚拟偶像掀起了巨大的热潮，带动相关经济飞速发展。据相关统计，2021 年中国虚拟偶像核心市场规模可达 62 亿元。由此可见，虚拟偶像火热的背后也蕴藏着无限的商机。

② UGC 平台

用户生产内容是元宇宙的重要特点。因此，在元宇宙概念的加持下，各种元宇宙 UGC 平台层出不穷。例如，元宇宙游戏社区 Roblox 是典型的 UGC 平台，它为用户提供创作工具和交流的社区平台，让用户自行生产内容，并能够以此盈利。而 Fanbook 则是创作者与粉丝对接的 UGC 平台。在该平台上，创作者能够生产属于自己的内容，并选择是否对粉丝进行开放，其内容不再受到其他平台的创作限制。

创业者可以尝试在 UGC 平台中进行创业尝试，逐渐找到自己的创业项目。

③ XR 扩展现实

在现实世界中，XR 体验店是让大众体验元宇宙的最优选择。用户无需购买各种各样的设备，只需要走进体验店，即可由专人引领，体验元宇宙的虚拟现实沉浸式场景。

除了线下实体体验店，XR 还可以应用到游戏。游戏是与元宇宙最为接近的领域，很多 XR 游戏都成为了游戏行业的黑马，例如，Beat Saber 上线时间只有

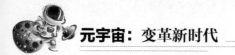

短短几个月，营收却超过了 6000 万美元。

除了以上所列举的部分细分创业项目，还有诸如虚拟现实商城、数字藏品等多个方向的多个细分创业项目。元宇宙市场的开拓是一个长期的过程，只有沉下心来找到自己擅长的细分领域，明确自己的创业项目，才能够在之后的创业过程中稳步向前。

14.3　元宇宙中的投资机会

在元宇宙已经显现雏形的当前，元宇宙投资市场已经风起云涌。未来，随着元宇宙的发展，其将展现更多的投资机会、更大的投资潜力。

14.3.1　追根溯源，瞄准头部硬件厂商

任何一个新技术或者新概念由诞生到成熟都需要一定的时间去成长和发展，元宇宙也不例外。如今的元宇宙处于刚刚起步的阶段，距离完全成熟和落地还有相当长的一段距离，而作为想要在元宇宙市场中获利的投资者，当前就要瞄准元宇宙头部硬件厂商，主要原因有 2 点。

首先，目前元宇宙的发展并不成熟，投资者无法预计未来元宇宙各个行业的头部企业是谁，就像当初的投资者并不看好苹果公司一样。而当前现实世界中的各个互联网企业纷纷布局元宇宙，投资者最为稳妥的选择便是理性的选择原本就

在互联网领域颇有建树的企业，特别是目前正在研究生产 VR、AR 等硬件接入设备的厂商，这是因为硬件接入设备是当前元宇宙发展最为需要的东西。

其次，头部硬件厂商的平台大、资源好。AR、VR 等底层技术目前正在快速迭代，生产相关设备的公司必将越来越多。但是，设备会有优劣之分，拥有良好资源和优秀人才的头部硬件厂商生产的设备大部分要优于小厂商。而且头部硬件厂商在与硬件设备相关的技术上更容易进行突破，去发现新的市场，例如 Meta 的 Oculus 头盔就集成了眼球识别等技术。

最后，市场是有限的，实力强大的头部厂商分得的蛋糕也必然是最大的。

因此，投资者若想在当前投资元宇宙相关项目或企业，并且在短期内获得一定回报的话，头部硬件厂商是最优选择。

14.3.2　关注新产品，多家元宇宙概念公司值得期待

自元宇宙概念兴起，互联网行业的各大企业便动作不断，纷纷进军元宇宙，例如 Facebook 更名为 Meta，微软宣布进一步研发多维传感器。在这些头部大厂的布局之下，一些新兴的元宇宙概念公司也紧随其后，这些公司以主营游戏和社交业务的公司为主。它们持续生产了元宇宙相关的新产品，并获得了不俗的成绩。有亮眼变现的元宇宙概念公司有以下几家。

① 三七互娱

三七互娱是一家以游戏为主营业务的公司，与元宇宙的接轨理所当然。目前三七互娱已经投资了多家 VR 内容开发商，例如 Archiact，其不断完善自身在 VR、AR 领域的发展短板，加强在元宇宙中的整体竞争力。

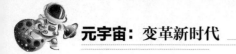

②赤子城科技

赤子城科技是一家主营社交业务的公司。行业有关人士认为，赤子城科技在全球掀起了音视频社交的新浪潮。该公司在旗下的视频社交软件 Yumy 中新增加了 Meta Town 版块，用户可以在其中设计自己的 3D 虚拟动画形象，并能够与陌生人进行随机社交匹配，在虚拟现实场景中进行互动。

③芒果超媒

芒果 TV 作为国内知名的电视媒体，其旗下的芒果超媒率先挺入元宇宙。虚拟主持人、AR 互动平台、3D 虚拟角色合拍等功能的创新，正采用"虚拟现实+云渲染"的技术构建芒果元宇宙的架构。

除此之外，百度、网易、Unity 等公司也在持续优化自己的元宇宙新产品。未来，将会有更多的元宇宙概念新公司，元宇宙的内容也将进一步得到丰富。投资者也可以选择这些颇具潜力的公司进行投资。

14.3.3　聚焦 NFT 项目，数字艺术品投资带来高回报

随着元宇宙概念的不断普及，数字资产越来越被人们所熟知并接受。数字资产作为元宇宙经济系统重要的内容，蕴藏着巨大的投资潜能。

数字资产由区块链赋能，而大多数区块链公司的重要业务应用方向之一就是数字艺术品。NFT 作为区块链上的加密货币之一，它能够以任何形式存在，为数字资产提供加密确权，并保证数字资产的正常流通。

传统的数字艺术品往往具有可复制性，因此其价值也大打折扣。但如果将

NFT 与数字艺术品相结合，被赋能后的数字艺术品即可作为拥有加密凭证的数字资产进行流通，它的唯一性和不可复制性得到了保证，其价值也得到了保障。

除了传统的数字艺术品能够上链之外，实体艺术品经过扫描处理后也能够作为数字资产进行流通。很多人认为投资元宇宙中的数字艺术品是经济泡沫，但NFT 数字艺术品降低了普通大众进入艺术圈的门槛——NFT 数字艺术品的价格通常要便宜很多。

NFT 数字艺术品让每一个人都有能力拥有属于自己独一无二的艺术品，在一定程度上也促进了文化艺术的传播，提高了大众的艺术修养。

2021 年，基于区块链及 NFT 技术，阿里巴巴的鲸探、腾讯的幻核等数个数字艺术品交易平台相继上线。头部公司的参与有望助力数字版权保护法的施行，能够规范数字艺术品市场，有效拓展数字艺术品的变现途径。NFT 数字艺术品也因其低门槛和价值保证性成为当前元宇宙中最值得投资的项目之一。

参 考 文 献

[1] Newzoo×伽马数据．元宇宙全球发展报告

https://zhuanlan.zhihu.com/p/504822180

[2] 中信证券．元宇宙：人类的数字化生存，进入雏形探索期

https://www.163.com/dy/article/GPQEPBFK0511BHI0.html

[3] 中国电子信息产业发展研究院.元宇宙产业链生态白皮书

https://baijiahao.baidu.com/s?id=1734075464604966492&wfr=spider&for=pc

[4] 光大证券．通往真实的虚拟：道阻且长，为什么行则将至？——元宇宙行业
深度报告

https://max.book118.com/html/2022/0214/8064004116004056.shtm

[5] 天风证券．Metaverse 元宇宙：游戏系通往虚拟现实的方舟．

https://max.book118.com/html/2022/0419/6045131141004135.shtm

[6] 招商证券．元宇宙的基础服务商——NFT 行业研究报告

https://wenku.baidu.com/view/dc390402463610661ed9ad51f01dc281e53a5616.html

[7] MMA.开启元宇宙营销时代

https://max.book118.com/html/2022/0307/6215225214004121.shtm

读者调查表

尊敬的读者：

　　自电子工业出版社工业技术分社开展读者调查活动以来，收到来自全国各地众多读者的积极反馈，他们除了褒奖我们所出版图书的优点外，也很客观地指出需要改进的地方。读者对我们工作的支持与关爱，将促进我们为您提供更优秀的图书。您可以填写下表寄给我们（北京市丰台区金家村288#华信大厦电子工业出版社工业技术分社　邮编：100036），也可以给我们电话，反馈您的建议。我们将从中评出热心读者若干名，赠送我们出版的图书。谢谢您对我们工作的支持！

姓名：_____　　性别：□男 □女　　年龄：_____　　职业：_____

电话（手机）：_____　　　E-mail：_____

传真：_____　　通信地址：_____　　邮编：_____

1. 影响您购买同类图书因素（可多选）：

□封面封底　　　□价格　　　　□内容提要、前言和目录　　□书评广告　　□出版社名声

□作者名声　　　□正文内容　　□其他_____

2. 您对本图书的满意度：

从技术角度　　　　　　　□很满意　　□比较满意　　□一般　　□较不满意　　□不满意

从文字角度　　　　　　　□很满意　　□比较满意　　□一般　　□较不满意　　□不满意

从排版、封面设计角度　　□很满意　　□比较满意　　□一般　　□较不满意　　□不满意

3. 您选购了我们哪些图书？主要用途？_____

4. 您最喜欢我们出版的哪本图书？请说明理由。

_____

5. 目前教学您使用的是哪本教材？（请说明书名、作者、出版年、定价、出版社），有何优缺点？

_____

6. 您的相关专业领域中所涉及的新专业、新技术包括：

_____

7. 您感兴趣或希望增加的图书选题有：

_____

8. 您所教课程主要参考书？请说明书名、作者、出版年、定价、出版社。

_____

邮寄地址：北京市丰台区金家村288#华信大厦电子工业出版社工业技术分社

邮编：100036　　电话：18614084788　E-mail：lzhmails@phei.com.cn

微信ID：lzhairs/ 18614084788　联系人：刘志红

反侵权盗版声明

电子工业出版社依法对本作品享有专有出版权。任何未经权利人书面许可，复制、销售或通过信息网络传播本作品的行为；歪曲、篡改、剽窃本作品的行为，均违反《中华人民共和国著作权法》，其行为人应承担相应的民事责任和行政责任，构成犯罪的，将被依法追究刑事责任。

为了维护市场秩序，保护权利人的合法权益，我社将依法查处和打击侵权盗版的单位和个人。欢迎社会各界人士积极举报侵权盗版行为，本社将奖励举报有功人员，并保证举报人的信息不被泄露。

举报电话：（010）88254396；（010）88258888

传　　真：（010）88254397

E-mail：　dbqq@phei.com.cn

通信地址：北京市万寿路 173 信箱

　　　　　电子工业出版社总编办公室

邮　　编：100036